重庆市璧山中学校文化体系建设概要

Bishan
Secondary
School

璧石化璧，
厚学如山。

主编 廖万华 吴 平

重庆大学出版社

图书在版编目（CIP）数据

重庆市璧山中学校文化体系建设概要／廖万华，
吴平主编. --重庆: 重庆大学出版社, 2022.12
ISBN 978-7-5689-3182-3

Ⅰ.①重... Ⅱ.①廖... ②吴... Ⅲ.①中学—校园文
化—建设—研究—重庆 Ⅳ.①G637

中国版本图书馆CIP数据核字（2022）第035439号

重庆市璧山中学校文化体系建设概要
CHONGQINGSHI BISHAN ZHONGXUEXIAO WENHUA TIXI JIANSHE GAIYAO
廖万华　吴平　主编

责任编辑：陈　曦　　　　　版式设计：罗　亚　欧阳荣庆
责任校对：刘志刚　　　　　责任印制：赵　晟

*

重庆大学出版社出版发行
出版人：饶帮华
社址：重庆市沙坪坝区大学城西路21号
邮编：401331
电话：（023）88617190　88617185（中小学）
传真：（023）88617186　88617166
网址：http://www.cqup.com.cn
邮箱：fxk@cqup.com.cn（营销中心）
全国新华书店经销
重庆五洲海斯特印务有限公司印刷

*

开本：889mm×1194mm　1/16　印张：13　字数：232千
2022年12月第1版　2022年12月第1次印刷
ISBN 978-7-5689-3182-3　定价：108.00元

本书如有印刷、装订等质量问题，本社负责调换

编 委 会

序 言

　　学校文化是一所学校的思想、灵魂和内在力量。它源于学校的历史传统，凝聚为学校深层次发展的动力，是学校全体成员在长期的办学历程中创造、沉淀、秉持、发扬的共同信念。不管是精神文化、执行文化，还是形象文化，都反映了一所学校的办学内涵与办学品位。

　　璧山中学是一所百年老校，历史悠久，底蕴深厚。对学校文化进行整体规划、系统梳理、完善，并将其精彩呈现，是璧山中学历届校长一直想做的事情。

　　2020年，在璧山区委、区政府的支持下，璧山中学通过柔性引进人才的方式引进知名教授李继星来指导这项工作。李教授结合璧山中学实际情况，为璧山中学文化体系建设作总体规划，精心设计了《重庆市璧山中学校文化体系建设概要》（以下简称《文化体系建设概要》）一书的整体框架，并就编写内容作具体指导。

　　《文化体系建设概要》主要内容有4章，分别为概述、精神文化子系统、执行文化子系统和形象文化子系统。根据新时代党的教育方针，本书对学校的精神文化在传承的基础上进行了梳理、提炼和总结，并做了系统、明确、详尽的释义；结合学校实际情况，对办学目标、办学定位作了明确而清晰的表述；根据学校的显性文化和隐性文化，以及学校的形象定位，对学校文化体系建设进行了合理的规划，优化了学校文化体系建设的具体路径。

　　在《文化体系建设概要》的引领下，全体璧中人将顺应时势，求新求变，坚持战略思维、历史思维、辩证思维、系统思维、创新思维、法治思维、底线思维，坚守人文情怀、科学情怀、教育情怀、管理情怀、璧山情怀，共同构建立意高远、内容丰富、形式多样的文化共同体，最终修于内而形于外、修于心而笃于行。

　　我们相信，在全体璧中人的共同努力下，一定会将璧山中学建设成为具有鲜明的璧玉品格、山岳精神的中华名庠。

重庆市璧山中学校校长：廖万华

2022年8月

目 录

Ⅳ 形象文化子系统

璧山中学
BISHAN SECONDARY SCHOOL

璞石化璧，
厚学如山。

I II III IV 概述

璧山中学自 1907 年创办以来，就一直注重学校文化建设。以文化育人，是历代学校领导和老师的共识。虽然学校文化在不同时期赋予了不同的内涵，但爱国、爱校、求实、勤学、守纪、民主、科学、自由、平等、文明等文化精神一脉相承，延绵不断。

高凌霄兴办之初，就提出教育救国的主张。在上世纪初，璧中学生王德惠等人赴法勤工俭学，寻求救国救民的真理；上世纪二十年代，璧中学生到重庆结对游行，抵制日货；抗战时期，璧中学生为了反抗日本法西斯，投笔从戎，血洒疆场；解放战争时期，璧中学生为了反对国民党的专制独裁，上街游行示威，表现了璧中学生不畏强暴，追求民主与光明的斗争精神。1949 年 12 月 1 日，璧中学生整队欢迎解放军入城，庆祝解放。上世纪五十年代，璧中学子纷纷参加志愿军，抗美援朝，保家卫国，成为了那个时代的最可爱的人，谱写了中国人民誓死捍卫国家主权的壮丽诗篇。

在一百多年的办学历史中，曾有 5 所学校（璧山县立女子初级中学，璧山县立第二初级中学、青木关中学、私立甘棠中学、重庆市璧山实验中学校）先后并入。黄炎培、陶行知、郭沫若等一大批学者名流曾在本校讲学论道，成百上千名璧中教师坚守教育初心，传道受业，不断继承和丰富学校文化，为百年璧中留下了丰富的文化内涵。

纵观璧山中学一百多年的办学历史和校园文化建设史，追求爱国、科学、民主是璧山中学校园文化建设的主线。璧山中学校园文化建设在不断丰富、完善、提炼、升华的过程中深深地打上了时代的烙印，国家民族的命运是紧紧联系在一起的。

本章探讨了校园文化建设的基本概念，梳理了璧山中学校园文化建设的总体思路，提出了校园文化建设的基本原则。对学校的基本情况，特别是近几年的发展现状，作了概括性的介绍。

第一节　学校文化建设的四大概念

一、文化

文化有广义和狭义之分。广义的文化，指人类社会发展过程中所形成的各种遗存，包括物质层面、精神层面、行为层面的各种文化表征。狭义的文化，指人类全部精神活动及其衍生物，特指人类精神文化。文化是人类社会特有的现象，由人类创造，为人类所拥有。纯粹"自然"的东西不能称为文化。有了人类社会才有文化，文化是人类社会实践的产物。

二、学校文化

学校文化是学校在长期的教育实践中创造并积淀下来，为全体成员所共同追求的价值观念、理想信念和行为方式，是学校特有的精神世界和环境氛围，是学校办学传统、办学理念、办学目标、办学方式等要素的集合，是师生共有和共享的精神和信念。

学校文化体现在学校所拥有的理念、制度、管理、行为、校风、教风、学风等文化要素之中，具有传承性、基础性、系统性、引领性、前瞻性、浸润性、发展性等特点，

双星校区

能够形成一种优良的教育环境和强大的综合实力。这种实力，是学校和个人可持续发展的动力源，也是学校的核心竞争力。学校文化反映了学校师生的价值取向，体现了学校的个性，是学校进行教育改革的背景和源泉，作为一种核心力量影响着学校的发展。

学校文化决定着学校战略及相应的制度策略的制定，决定着教育质量的提高和学校发展的速度并检验着这种提高与发展的合理性，决定着校内各种资源的开发与组合，协调着学校与外部生态的互动，塑造着学校的社会形象。

三、学校文化体系

学校文化体系是学校基于自身文化传统、现实形态和愿景展望，按照预期目标对学校全局的、长远的文化建设所作出的符合自身规律的规划。

在制定学校文化体系时，应努力追求学校文化精神力、执行力和形象力的不断提升与优化。

四、学校文化体系建设

学校文化体系建设是对学校精神文化、执行文化、形象文化的塑造、传播和实践，包括学校内涵的挖掘、学校文化的提炼、学校文化战略的落实等。学校文化体系建设当渗透于学校管理、教职工队伍发展、课程体系建设、高效教学、公民教育、中外人文交流、教育数字化、校本科研、安全管理、后勤服务、学校发展性评价等方方面面，主要包括精神文化、执行文化和形象文化三大方面的建设，即精神力、执行力和形象力的塑造。

第二节　璧山中学文化建设的总体思路

一、指导思想

以中国共产党和国家的教育方针为指导，以构建面向未来的、适应知识社会所需的、完整的学校文化体系为目标，以在继承中创新为原则，以学校精神文化子体系为基础，以执行文化子体系为重点和核心，以物质和形象文化子体系为外部表征，构建学校文化体系。

二、基本目标

以促进学校发展为目标，努力构建全校师生共同追求的、富有特色的、科学完善的学校文化，充分发挥学校文化在学校发展中的引领作用，使学校文化真正成为学校和师生可持续发展的动力源和核心竞争力。

通过学校文化建设，汇合多方资源，使学校文化品牌建设和形象建设成效显著，知名度和美誉度不断提高，使本校的文化体系成为全国中学学段一流的文化体系，使学校成为一所兼具精神力、执行力、形象力和文化品位的全国名校。

三、建设原则

01
坚持
继承和创新相结合
的原则

02
坚持
系统和个体相兼顾
的原则

03
坚持
理论和实践相结合
的原则

04
坚持
发展和稳定相结合
的原则

05
坚持
全局与重点相结合
的原则

06
坚持
人文与科学相结合
的原则

07
坚持
内涵和外延相结合
的原则

08
坚持
内生与借鉴相结合
的原则

四、基本内容

学校文化建设主要包括精神文化体系、执行文化体系和形象文化体系的建设，这三个体系的建设根植于学校的精神力子系统、执行力子系统和形象力子系统中，综合起来则形成学校的文化力。三者之间的关系是精神文化是基础、执行文化是核心、形象文化是精神文化和行为文化的外在表现。

（一）精神文化子系统的基本内容

精神文化子系统体现精神力，精神力是指学校的精神、理念对学校发展所产生的内在驱动力及对社会公众所产生的影响力量。学校精神文化子系统主要包括学校办学核心理念、学校教育主题、学校系列二级理念、学校综合性发展目标、专项发展目标、教师发展目标、学生培养目标、校训、班训、团训、学校精神、校风、教风、学风、学校教育铭言、楹联、师生誓词、学校赋等。

（二）执行文化子系统的基本内容

执行文化子系统体现执行力，执行力是整合学校各种资源而形成的成功实现学校文化战略、充分体现学校组织程度与办学效益的综合能力。学校执行文化子系统主要包括学校章程、学校治理结构和组织脉络图，学校发展规划（综合发展规划、各专项发展规划、教职工个人发展规划），党政管理，教职工队伍建设，课程体系建设，高效教学体系建设，公民教育体系建设，学校重大活动，卓越人才培养，数字化建设，中外人文交流，学校家庭社区互动，后勤及安全管理工作，校本教研科研工作，学校发展性评价体系等。

（三）形象文化子系统的基本内容

形象文化子系统体现形象力，形象力是学校外在形象，是使学校成员与社会公众产生感性认识的力量。学校形象文化子系统主要包括基础性视觉要素（校名、校标、校徽、班徽、臂章、学校文化性印章、校花、校树、校旗、班旗、校名标准字印刷与使用规范等）、听觉要素（校歌、班歌、学校标识音乐及其使用规范等）、可移动用品的设计、物质与人文环境、校服、各种校办媒体等。

五、基本策略

我校现阶段文化体系建设的基本策略是：整体规划，分项落实，外现内化，自我评价。

整体规划

即在学校师生了解学校文化积淀和理解学校文化概念的基础上，整体设计出学校文化建设框架。

分项落实

即精神力、执行力、形象力等塑造，要分别进行专项研究、设计与实施。

基本策略

外现内化

即运用橱窗、展板、标语、仪式、典礼、媒体等载体将学校文化加以外现，通过强化日常行为规范使学校文化的价值内化为学校全体成员的品质。

自我评价

即对实施学校文化建设诸方面的自觉性和有效性进行阶段性评价，激励全体成员坚持不懈地践行、反思和完善学校文化体系，使学校永远保持高质量发展的态势。

第三节　学校简介

一、学校概况

千年璧山，百年璧中。重庆市璧山中学校位于金剑山麓、璧南河畔，是成渝双城经济圈的重要节点。学校始建于1907年，系重庆市重点中学。

历史悠久　底蕴深厚

1907年（光绪三十三年），晚清进士、资政院议员、内阁中书高凌霄先生将"璧山县官立第一高等小学堂"改为"璧山县官立预备中学堂"，校址设在璧城后伺坡，此为璧山中学之开端。

抗战时期，重庆作为战时首都，1941年8月，国立社会教育学院（现苏州大学前身）在我校东林初中校区创办，一批教育名流、硕学鸿儒如郭沫若、晏阳初、陶行知、熊十力、许德珩、黄炎培、徐悲鸿、叶圣陶、顾颉刚、刘学庵、洪深等云集我校，或讲学授课，或进行乡村教育实验，为开启民智做出了突出贡献。

如今，一代代璧中人孜孜不倦、学脉绵延，共同谱写了"正心、博识、卓能、强体"的校训精神，博学广纳、担当有为的学校文化精神，融入了学生血脉，产生了生生不息的雄浑力量。

深化改革　励志图新

为了克服地方教育资源有限的短板，区委区政府从战略的高度为学校发展规划导航。

2014年，学校与重庆一中签订了《联盟办学协议》，引进了名校的教育理念和教学管理模式，提高了学校的综合办学效益。2016年与上海海外教育专修学校合作。2017年与上海方略教育集团合作，扩大了学校办学视野，提高了办学的境界和站位。2018年与科大讯飞携手共促智慧课堂全面升级。2019年成立中外人文交流中心，学校成为"重庆市国际交流协会中外人文交流基地学校""重庆市品牌协会基础教育分会副理事单位"和"多语种培训中心"。2020年与四川师范大学附属中学签订协同创新促进教师优质发展合作协议，进一步深化了学校教育教学改革，提高了学校的办学知名度。

通过与国内外名校的深度合作，学校站位更高远，定位更精准，开启了"换挡提速，弯道超车"跨越发展的新篇章。

一校三区　师资雄厚

学校现有双星校区（高中部）、东林校区（初中部）和枫香湖校区（初中部）三个校区，占地总面积 640 余亩，建筑总体量 42 万平方米，现有教学班 260 余个，学生 13 000 余名。

在职教职工 920 余人，其中正高级教师 6 人，特级教师 3 人，重庆市名师 3 人，市区级骨干教师 100 余人，高级教师 180 余人，60 余名教师获得市级赛课、说课等一等奖，20 余名教师获国家级、省部级表彰。学校还不断为教师队伍注入新的活力，近几年，面向全国选调了 40 余名优秀骨干教师，招聘了 400 余名来自北京师范大学、华东师范大学、华中师范大学等重点名校的本科生和研究生。

育人为本 荣誉卓著

近几年，有近 30 名学生考上清华、北大、港大等国内一流大学，300 余名学生考上全国前十的名校，连续三年重点本科本上线人数突破千人大关。

学校荣誉不断叠加，先后获得"重庆市文明单位""重庆市园林单位""重庆市中小学信息技术教育示范学校""重庆市先进基层党组织""重庆市学校后勤工作先进集体""全国青少年普法教育先进单位""重庆市最美校园""重庆市第一批智慧校园建设示范学校""全国网络学习空间普及应用优秀学校""重庆市立德树人特色项目实践研究示范学校""重庆五一劳动奖状""重庆市优质课程资源开发基地学校""重庆市文明校园""重庆市校本教研示范学校""重庆市新课程新教材实施示范校"等 60 余项省（部）级荣誉称号。

特色鲜明 活动丰富

学校以美术、声乐、科创、女子篮球、男女乒乓球等项目为重点，形成了一系列具有强大竞争力的拳头项目。学校承办了重庆市第九届中小学生艺术展演，7 个参赛项目全部获一等奖；学生参加四大学科奥赛获得除原直属校外全市第一的优异成绩；女子篮球队从 2020 年来连续三年获得重庆市年青少年篮球锦标赛冠军；乒乓球队成立一年来获得 39 个重庆市冠军；"十美德"教育研究成为重庆市立德树人特色项目，2021 年获重庆市教学成果三等奖。

构建了以"正心"为核心的一"心"三"维"课程体系。开设了 200 多门选修课，创办了 100 多个学生社团，常态化开展艺术节、文化节、体育节、科技节、心育节、社团节、家校节等七大活动，组织了丰富多彩的社会实践活动和研究性学习活动，并与家庭、社会深度融合，创建了引领全市的家校共育特色品牌。

宣传升维 铸造品牌

学校坚持走内涵发展之路，努力提升知名度和美誉度，打造璧中品牌。一是整合市内外宣传资源，成立融媒体中心。充分利用微信公众号、官方网站、抖音短视频、宣传栏等载体，实现了宣传途径的多元化和宣传形式的多样化，引来央视新闻频道、学习强国、《检察日报》、《重庆日报》、华龙网等媒体关注报道。二是大力推广"璧中经验"，多次承办全国性会议和市区级会议，全方位展示璧中良好形象。

学校上下同心，汇聚磅礴力量，一定会把璧山中学创办成一所倍受尊重、师生留恋、学生向往、英才辈出、市内外有重大影响的一流名校。

二、学校发展变迁大事记

1907 年　学务总董高凌霄呈准改"璧山县官立第一高等小学堂"为"璧山县官立预备中学堂"，赵圣夷任校长，校址设在璧城后伺坡，此为璧山县中学教育之开端；

1909 年　更名为"璧山县官立中学堂"，高凌霄任校长；

1912 年　更名为"璧山县官立中学校"；

1930 年　更名为"璧山县县立初级中学校"；

1935 年　更名为"璧山县县立初级中学"，学校被中华民国教育部列为全国优良中等学校；

1940 年　学校遭到日机轰炸，迁往中兴乡云居寺，继又迁至城东徐家砖房；国立社会教育学院（现苏州大学的前身）在后伺坡校址创办；

1946 年　学校搬回后伺坡原校址，增设高中部，始办高中；

1948 年　更名为"璧山县立中学"；

1950 年　私立甘棠中学并入，学校更名为"川东区璧山中学"；

1952 年　上期，青木关中学并入；下期，学校更名为"四川省璧山中学校"；

1954 年　璧山农职校撤销，其初中部并入；

1957 年　速成师范并入璧山中学；

1978 年　学校被评定为璧山县重点中学；

1997 年　更名为"重庆市璧山中学校"；

2001 年　学校被评为重庆市重点中学；

2005 年　重庆市璧山实验中学校并入璧山中学；

2014 年　学校双星校区（高中部）开始投用，同年，彻底改造东林老校区；

2020 年　学校枫香湖校区建成投用。

三、历任校领导

表 1-1 历任正校级领导任职时间表

序号	姓 名	性别	任职时间	校 名	职 务
1	赵圣夷	男	1907—1908	璧山县官立预备中学堂	校长
2	高凌霄	男	1909—1910	璧山县官立中学堂	校长
3	朱叙伦	男	1910—1911	璧山县官立中学堂	校长
4	陈雪樵	男	1911—1912	璧山县官立中学堂	校长
5	吴学蟾	男	1913—？	璧山县官立中学校	校长
6	朱映璃	男	？—1916.10	璧山县官立中学校	校长
7	李鸿雯	男	1916.11—1917	璧山县官立中学校	校长
8	朱叙伦	男	1918—1919.04	璧山县官立中学校	校长
9	林高骧	男	1919.05—1923.03	璧山县官立中学校	校长
10	曾庆福	男	1923.04—1924	璧山县官立中学校	校长
11	林高骧	男	1924 年上期	璧山县官立中学校	校长
12	曾庆福	男	1924 年下期—1925.03	璧山县官立中学校	校长
13	黄继刚	男	1925.04—1926.01	璧山县官立中学校	校长
14	林吉隆	男	1926 年上期	璧山县官立中学校	校长
15	唐载藩	男	1926 年下期	璧山县官立中学校	校长
16	周特生	男	1927 年上期	璧山县官立中学校	校长
17	林吉隆	男	1927 年下期—1929.02	璧山县官立中学校	校长
18	王延光	男	1929.08—1930.07	璧山县官立中学校	校长
19	周维俊	男	1930.07—1930.12	璧山县县立初级中学校	校长

续表

序号	姓 名	性别	任职时间	校 名	职 务
20	傅世玙	男	1931.01—1931.09	璧山县县立初级中学校	校长
21	傅友仁	男	1931.09—1932 年上期	璧山县县立初级中学校	校长
22	陈大钟	男	1932.06—1933.12	璧山县县立初级中学校	校长
23	何志涵	男	1933 年下期	璧山县县立初级中学校	校长
24	周维俊	男	1934 年上期	璧山县县立初级中学校	校长
25	胡国成	男	1936 年上期	璧山县县立初级中学校	校长
26	钟芳铭	男	1937.04—1939.03	璧山县县立初级中学校	校长
27	张世俊	男	1939.03—1939.12	璧山县县立初级中学校	校长
28	李应江	男	1940.01—1941.06	璧山县县立初级中学校	校长
29	周璧光	男	1941.07—1943.08	璧山县县立初级中学校	校长
30	罗君禄	男	1943.08—1946.02	璧山县县立初级中学校	校长
31	周维俊	男	1946.02—1949.08	璧山县县立初级中学校	校长
32	饶尚丰	男	1949.08—1950.02	璧山县立中学	校长
33	叶诚一	男	1950.03—1950.07	璧山县立中学	校长
34	傅道文	男	1950.08—1954.10	川东区璧山中学	校长
35	邬卓凡	男	1954.11—1957.08	四川省璧山中学校	校长
36	李千百	男	1957.09—1969	四川省璧山中学校	校长、支部书记
37	郝更新	男	1969—1970.06	四川省璧山中学校	革委会主任
38	陈光明	男	1970—1973.04	四川省璧山中学校	革委会主任、支部书记
39	谭开荣	男	1973—1975	四川省璧山中学校	革委会主任

续表

序号	姓名	性别	任职时间	校 名	职 务
40	李千百	男	1975—1978	四川省璧山中学校	革委会主任、支部书记
41	李振华	男	1978—1982	四川省璧山中学校	校长
42	潘承肃	男	1982—1991	四川省璧山中学校	校长
43	潘承肃	男	1982—1994	四川省璧山中学校	支部书记
44	万海柱	男	1991—2001	四川省璧山中学校	校长
45	万海柱	男	1994—2004	重庆市璧山中学校	支部书记
46	罗明乾	男	2001.03—2011.03	重庆市璧山中学校	校长
47	罗明乾	男	2004.09—2011.10	重庆市璧山中学校	支部（党委）书记
48	吴明平	男	2011.04—2014.08	重庆市璧山中学校	校长
49	吴 平	女	2011.11—2022.06	重庆市璧山中学校	党委书记
50	朱朝阳	男	2014.08—2015.03	重庆市璧山中学校	校长（兼）
51	朱朝阳	男	2015.04—2019.04	重庆市璧山中学校	联盟办学领导小组组长（负责学校全面工作）
52	王晓明	男	2014.08—2017.07	重庆市璧山中学校	常务副校长（法人代表）
53	吴 平	女	2017.08—2019.06	重庆市璧山中学校	常务副校长（法人代表）
54	廖万华	男	2019.07 至今	重庆市璧山中学校	校长

表1-2 历任副校长、副书记任职时间表

序号	姓名	性别	任职时间	校 名	职 务
1	傅道文	男	1950.03—1950.08	璧山县立中学	副校长
2	何志涵	男	1950.09—1952.01	璧山县立中学	副校长
3	谭绍镕	男	1952.11—1954.11	川东区璧山中学	副校长
4	张志良	男	1950—1957	四川省璧山中学校	副校长
5	杨文碧	女	1960—1962	四川省璧山中学校	支部副书记
6	黄玉容	女	1961—1963	四川省璧山中学校	副校长
7	万海柱	男	1969—1970	四川省璧山中学校	革委会副主任
8	伍有涛	男	1969—1970	四川省璧山中学校	革委会副主任
9	杨治海	男	1970—1979	四川省璧山中学校	革委会副主任
10	潘承肃	男	1970.08—1978	四川省璧山中学校	革委会副主任
11	谭开荣	男	1970—1973	四川省璧山中学校	革委会副主任
12	潘承肃	男	1978—1982	四川省璧山中学校	支部副书记
13	潘承肃	男	1979—1982	四川省璧山中学校	副校长
14	孙振琴	女	1983.09—1984.05	四川省璧山中学校	副校长
15	曾令国	男	1984.05—2000	四川省璧山中学校	副校长
16	苏瑞国	男	1985—1988	四川省璧山中学校	副校长

续表

序号	姓名	性别	任职时间	校 名	职 务
17	万海柱	男	1988—1991	四川省璧山中学校	副校长
18	万海柱	男	1991—1994	四川省璧山中学校	支部副书记
19	高大智	男	1993—2004	四川省璧山中学校	副校长
20	曾令国	男	1994—2000	四川省璧山中学校	支部副书记
21	曹廷荣	男	1997—2007.08	重庆市璧山中学校	副校长
22	张淑萍	女	1999—2007.02	重庆市璧山中学校	副校长
23	罗明乾	男	2001.03—2004.09	重庆市璧山中学校	支部副书记
24	罗明乾	男	2001.03—2001.08	重庆市璧山中学校	副校长
25	吴明平	男	2004.10—2011.04	重庆市璧山中学校	副校长
26	吴 平	女	2005.07—2011.10	重庆市璧山中学校	党委副书记
27	尹先平	男	2005.07—2007.03	重庆市璧山中学校	副校长
28	朱君涛	男	2007.10—2011.12	重庆市璧山中学校	副校长
29	代永亮	男	2007.10—2009.03	重庆市璧山中学校	副校长
30	柯昌伦	男	2011.09—2015.07	重庆市璧山中学校	副校长
31	陈永明	男	2012.05—2020.09	重庆市璧山中学校	副校长
32	周爱东	男	2012.05—2020.09	重庆市璧山中学校	副校长
33	严太华	男	2013.10—2020.09	重庆市璧山中学校	纪委书记
34	杨明飞	男	2014.08—2016.07	重庆市璧山中学校	副校长（挂职）

续表

序号	姓 名	性别	任职时间	校 名	职 务
35	王晓明	男	2014.09—2016.09	重庆市璧山中学校	党委副书记（挂职）
36	李瑞娟	女	2014.10—2015.09	重庆市璧山中学校	校长助理（挂职）
37	吴永亮	男	2015.07—2016.07	重庆市璧山中学校	副校长
38	李瑞娟	女	2016.07—2017.07	重庆市璧山中学校	副校长（挂职）
39	虞洪剑	男	2017.06—2021.08	重庆市璧山中学校	副校长
40	李瑞娟	女	2017.09—2018.04	重庆市璧山中学校	副校长（挂职）
41	李瑞娟	女	2018.05 至今	重庆市璧山中学校	副校长
42	廖万华	男	2019.07 至今	重庆市璧山中学校	党委副书记
43	成 林	男	2020.09 至今	重庆市璧山中学校	副校长
44	朱堂春	男	2020.09 至今	重庆市璧山中学校	纪委书记
45	高 飞	男	2020.09 至今	重庆市璧山中学校	副校长
46	鲜小刚	男	2020.09 至今	重庆市璧山中学校	副校长
47	杨 帆	男	2020.09 至今	重庆市璧山中学校	副校长
48	孙绍颖	女	2021.08 至今	重庆市璧山中学校	副校长

四、主要荣誉

表 1-3 学校获省市级以上荣誉（部分）

序号	日期	获奖名称	颁奖单位	级别
1	1997.10	全国群众体育先进集体	中华人民共和国国家体育运动委员会	国家级
2	2005.09	全国青少年集邮活动示范基地	中华全国集邮联合会	国家级
3	2007.10	信息技术教育示范学校	中小学信息技术教育研究中心	国家级
4	2007.10	教育部远程教育试点示范项目学校	中华人民共和国教育部	国家级
5	2010.11	第三届和谐校园先进学校	教育部基础教育一司	国家级
6	2011.06	在第十六届全国中小学生绘画、书法作品比赛中，荣获组织工作先进集体奖	中华人民共和国教育部艺术教育委员会	国家级
7	2011.07	"关爱明天·普法先行"青少年普法教育活动"全国青少年普法教育先进单位"	中华人民共和国司法部、中央社会治安综合治理委员会办公室、中国关心下一代工作委员会	国家级
8	2013.07	被评为全国青少年五好小公民"复兴中华，从我做起"主题教育活动"示范学校"	教育部关心下一代工作委员会、教育部关工委全国青少年主题教育活动组织委员会	国家级
9	2016.08	在第十九届全国青少年五好小公民"老师您好 我的好老师"主题教育活动中工作扎实，成效显著，被评为"示范学校"	教育部关心下一代工作委员会、教育部关工委全国青少年"五好小公民"主题教育活动组委会	国家级

续表

序号	日期	获奖名称	颁奖单位	级别
10	2017.07	在第二十届全国青少年五好小公民"阳光校园·我们是好伙伴"主题教育读书活动中，工作扎实，成绩显著，被评为示范学校	教育部关心下一代工作委员会、教育部关工委全国青少年"五好小公民"主题教育活动组织委员会	国家级
11	2017.10	全国青少年科普创新教育基地	中国电子学会、国家教育信息化产业技术创新战略联盟	国家级
12	2017.12	国防教育示范学校	中华人民共和国教育部	国家级
13	2018.07	全国中小学校长、骨干教师网络学习空间人人通专项培训基地学校	中华人民共和国教育部科学技术司、中央电化教育馆	国家级
14	2018.07	第十六届"叶圣陶杯"全国中学生新作文大赛写作教学先进单位	中国少年儿童新闻出版总社、中学生杂志社、中国当代文学研究会校园文学委员会、叶圣陶杯全国中学生新作文大赛组委会	国家级
15	2018.08	全国青少年五好小公民主题教育读书活动"红旗飘飘，引我成长"先进集体	教育部关心下一代工作委员会	国家级
16	2018.11	全国青少年校园篮球特色学校	教育部办公厅	国家级
17	2019.03	教育部2018年度网络学习空间应用普及活动优秀学校	教育部办公厅	国家级

续表

序号	日期	获奖名称	颁奖单位	级别
18	1997.06	重庆市社会主义文明礼仪示范学校	重庆市教育委员会	省市级
19	1997.09	重庆市教师职业道德建设先进集体	中共重庆市委宣传部、重庆市教育委员会、中国教育工会重庆市委员会	省市级
20	1999	重庆市电化教育示范学校	重庆市教育委员会	省市级
21	1999.11	民主管理示范学校	重庆市教育委员会、重庆市人民政府教育督导室、中国教育工会重庆市委员会	省市级
22	2000.01	文明学校	中共重庆市委高工委、重庆市教育委员会	省市级
23	2000.04	重庆市文明单位	中共重庆市委、重庆市人民政府	省市级
24	2001.10	重庆市重点中学	重庆市人民政府	省市级
25	2002	全国普通高校招生考试规范化考点	重庆市大学中专招生委员会	省市级
26	2003.10	重庆市五四红旗团委	共青团重庆市委	省市级
27	2003.12	重庆市中小学德育示范学校	重庆市教育委员会	省市级
28	2004.04	绿色学校	重庆市教育委员会、重庆市环保局	省市级
29	2004.12	重庆市教育科研（2001—2004）先进集体	重庆市教育委员会	省市级

续表

序号	日期	获奖名称	颁奖单位	级别
30	2005	园林式单位	重庆市人民政府	省市级
31	2005.12	重庆市中小学信息技术教育示范学校	重庆市教育委员会	省市级
32	2006.01	重庆市校务公开先进集体	中共重庆市教育工委、重庆市教育委员会、重庆市总工会	省市级
33	2006.01	重庆市"十五"期间中小学教育技术装备工作先进集体	重庆市教育委员会	省市级
34	2006.05	2005 年度教育系统"安全文明校园"	重庆市教育委员会、重庆市社会治安综合治理委员会、重庆市公安局	省市级
35	2007.10	"书香重庆·和谐教育"示范学校	重庆市宣传部、市教委、市新闻出版局	省市级
36	2008.06	第二批重庆市依法治校示范校	重庆市教育工委、重庆市教育委员会	省市级
37	2009.12	模范职工之家	重庆市总工会	省市级
38	2009.12	新中国成立 60 年重庆教育功勋著名中学	重庆市教育学会、重庆市高等教育学会、重庆市职业教育学会、重庆市对外文化交流中心、重庆商报社	省市级
39	2009.12	在"弘扬生态文明共建绿色校园"活动中成绩突出，被评为先进集体	重庆市绿化委员会、重庆市教育委员会、重庆市林业局	省市级

序号	日期	获奖名称	颁奖单位	级别
40	2010.03	重庆市教育科学规划课题课题"重庆市示范性普通高中建设研究"先进集体	重庆市教育委员会	省市级
41	2010.04	平安校园	重庆市教育委员会、重庆市社会治安综合治理办公室、重庆市公安局	省市级
42	2010.11	重庆市普通高中新课程实验样本学校	重庆市教育委员会	省市级
43	2011.01	重庆市消防安全教育示范学校	重庆市公安局、重庆市教育委员会	省市级
44	2011.06	重庆市教育系统先进基层党组织	中共重庆市委教育工作委员会	省市级
45	2011.11	重庆市2011年度学校后勤工作先进集体	重庆市教育委员会基建后勤处、重庆市教育后勤协会、重庆市教育学会教育管理后勤分会	省市级
46	2012.09	重庆市普通高中学校捆绑发展工作先进集体	重庆市教育委员会	省市级
47	2012.09	重庆市第四届中小学教育科研先进集体	重庆市教育委员会	省市级
48	2014.04	重庆市艺术教育先进单位	中国艺术家协会、中国教育事业促进会、中国青少年艺术节重庆组委会	省市级

续表

序号	日期	获奖名称	颁奖单位	级别
49	2016.07	庆祝中国共产党成立九十五周年"重庆市先进基层党组织"	中共重庆市委	省市级
50	2016.08	重庆市美丽校园	重庆市教育委员会	省市级
51	2017.01	2011—2015年重庆市教育系统法治宣传教育工作突出单位	重庆市教育委员会办公室	省市级
52	2017.11	重庆市中小学卫生示范学校	重庆市教育委员会	省市级
53	2017.12	模范职工小家	重庆市总工会	省市级
54	2018.01	重庆市防震减灾生产科普示范校	重庆市地震局、重庆市教育委员会	省市级
55	2018.12	重庆市基础教育信息化应用典型示范案例	重庆市教育委员会	省市级
56	2019.02	重庆市第一批智慧校园建设示范学校	重庆市教育委员会	省市级
57	2019.04	重庆五一劳动奖状	重庆市总工会	省市级
58	2019.04	重庆市普通高中校本教研示范学校	重庆市教育科学研究院	省市级
59	2019.05	第一届重庆市文明校园	中共重庆市委宣传部、重庆市精神文明建设委员会办公室、重庆市教育委员会	省市级
60	2020.01	重庆市首批立德树人特色项目实践研究示范学校	重庆市教育科学研究院	省市级

续表

序号	日期	获奖名称	颁奖单位	级别
61	2020.07	2020 年重庆市普通高中新课程新教材实施示范校	重庆市教育委员会	省市级
62	2020.12	重庆市模范职工之家示范单位	重庆市总工会	省市级
63	2021.01	荣获 2020 年重庆市中小学生艺术活动月系列活动优秀组织奖	重庆市教育委员会	省市级
64	2021.6.4	2020 年重庆市儿童青少年近视防控特色学校	重庆市教育委员会、重庆市卫生健康委员会	省市级
65	2021.6	重庆市"小萝卜头"红色征文创作大赛优秀组织单位	中共重庆市委宣传部、重庆市精神文明建设委员会办公室、重庆市教育委员会、重庆市文化和旅游发展委员会、中共重庆市委党史研究室、共青团重庆市委员会、重庆市关心下一代工作委员会	省市级
66	2021.7.2	重庆市 2021 年中小学学生艺术活动月优秀组织奖	重庆市教育委员会	省市级
67	2021.9	重庆市优质课程资源开发基地学校	重庆市教育科学研究院	省市级
68	2021.11	重庆市教育发展战略研究会副会长单位（2021 年7 月至 2026 年 7 月）	重庆市教育发展战略研究会	省市级
69	2021.12	重庆市第九届中小学生艺术展演活动优秀组织奖	重庆市教育委员会	省市级

表 1-4 学校教师获省市级以上荣誉（部分）

序号	时间	姓名	奖项	获奖等级	颁证单位	级别
1	1989.09	高大智	全国优秀教师		国家教育委员会、中华人民共和国人事部	国家级
2	1989.09	高建中	全国优秀教师		国家教育委员会、中华人民共和国人事部	国家级
3	1991.09	胡静虎	全国优秀教师		国家教育委员会、中华人民共和国人事部	国家级
4	1995.09	万海柱	全国优秀教师		国家教育委员会、中华人民共和国人事部	国家级
5	2000.09	成林	首届 CCTV 杯全国英语演讲比赛	优秀奖	中国中央电视台	国家级
6	2004.06	梁多俊	2004 年全国初中化学竞赛	园丁奖	中国教育学会化学专业委员会	国家级
7	2006.11	成林	第六届全国高中英语教学竞赛	一等奖	中国教育学会外语教学专业委员会	国家级
8	2006.12	张兴环	全国中学语文优秀教师		中国教育学会	国家级
9	2011.07	吴平	青少年普法教育"优秀辅导员"		中华人民共和国司法部、中央社会治安综合治理委员会办公室、中国关心下一代工作委员会	国家级

续表

序号	时间	姓名	奖项	获奖等级	颁证单位	级别
10	2012.10	王益乾	全国政治优质课竞赛	一等奖	中国教育学会政治专委会	国家级
11	2012.11	成林	第二届全国中小学外语教师教学大赛教学能手		中国教师发展基金会、国家基础教育实验中心	国家级
12	2018.08	王巧灵	第九届基于网络的教师实践社区学术交流观摩活动	一等奖	中央电教馆	国家级
13	2018.11	任珍	2018 年全国历史优质课大赛	一等奖	中国教育学会历史专委会	国家级
14	2018.11	王薇	互联网＋新时代活力课堂比赛	一等奖	中央电教馆	国家级
15	2019.07	张旭	全国中华魂"腾飞的祖国"主题教育活动先进个人		教育部关心下一代工作委员会	国家级
16	2019.11	张海洋	2019 全国教育科研成果展评（优质课）	一等奖	教育部课程基础研究所	国家级
17	2020.08	张旭	全国"新时代好少年"主题教育读书活动"美好生活 劳动创造"先进个人		教育部关心下一代工作委员会	国家级
18	1985.09	尹先平	重庆市劳动模范		重庆市人民政府	省市级
19	1993.09	万海柱	四川省优秀教师		四川省教育委员会	省市级

续表

序号	时间	姓名	奖项	获奖等级	颁证单位	级别
20	1994.09	胡静虎	重庆市特级教师		重庆市人民政府	省市级
21	1995.09	杨代学	四川省优秀教师		四川省教育委员会	省市级
22	1998.09	万海柱	重庆市特级教师		重庆市人民政府	省市级
23	1998.09	吴平	重庆市优秀教师		重庆市人事局、重庆市教委	省市级
24	2000.05	廖万华	优秀团干部		共青团四川省委	省市级
25	2000.09	张兴环	重庆市十佳班主任		重庆市教育委员会	省市级
26	2002.02	吴平	重庆市教育科研先进个人		重庆市教育委员会	省市级
27	2002.11	杨帆	重庆直属校初中优质课比赛	一等奖	重庆市教育委员会	省市级
28	2003.05	朱堂春	优秀团干部		重庆市团委	省市级
29	2003.12	成林	重庆市重点中学中青年教师优质课大赛	一等奖	重庆市教育委员会	省市级
30	2004.05	杨梅	优秀团委书记		重庆市团委	省市级
31	2004.05	巫正鸿	重庆市特级教师		重庆市人民政府	省市级
32	2004.09	王章伦	教育科研先进个人		重庆市教育委员会	省市级
33	2005.09	龚平	师德先进个人		重庆市教育委员会	省市级

续表

序号	时间	姓名	奖项	获奖等级	颁证单位	级别
34	2005.12	吴平	重庆市第五届职工职业道德建设先进个人		重庆市职工职业道德建设指导协调小组 重庆市总工会	省市级
35	2006.12	曾富明	全市中学语文教学与研究表彰活动优秀教师		重庆市教育学会中语专委会	省市级
36	2007.05	吴平	重庆市优秀共产党员		中共重庆市委	省市级
37	2007.05	巫正鸿	重庆市教育科研实验基地学校十佳评选	十佳科研教师	重庆市教育科学研究院	省市级
38	2007.09	王树芬	重庆市特级教师		重庆市人民政府	省市级
39	2008.09	陶建新	重庆市优秀班主任		重庆市教育委员会	省市级
40	2008.11	魏丽	重庆市生物优质课比赛	一等奖	重庆市教育科学研究院	省市级
41	2009.09	罗明乾	重庆市特级教师		重庆市人民政府	省市级
42	2010.01	成林	重庆市直属中小学教师教学技能大赛	一等奖	重庆市教育委员会	省市级
43	2010.03	魏睿	重庆市高中思想政治优质课大赛决赛	一等奖	重庆市教育学会中学政治专业委员会	省市级
44	2010.05	王益乾	新疆维吾尔自治区政治同课异构教学大赛	一等奖	新疆教育学会中学政治委员会	省市级

续表

序号	时间	姓名	奖项	获奖等级	颁证单位	级别
45	2010.08	成林	重庆市第四届中小学优秀班主任		重庆市教育委员会	省市级
46	2010.09	杨帆	重庆市优秀共产党员		中共重庆市委	省市级
47	2010.09	张国敬	重庆市优秀教师		重庆市教育委员会	省市级
48	2010.10	郑敏	自贡市英语优质课比赛	一等奖	自贡市教育科学研究院	省市级
49	2010.12	杨帆	重庆市重点中学优质课大赛一等奖的第一名	一等奖	重庆市教育委员会	省市级
50	2011.06	巫正鸿	重庆市优秀专业技术人才		中共重庆市委组织部、重庆市人力资源和社会保障局	省市级
51	2011.11	张小燕	重庆市地理优质课比赛	一等奖	重庆市教育科学研究院	省市级
52	2011.12	巫正鸿	三峡之光访问学者		中共重庆市委组织部、重庆市人力资源社会保障局	省市级
53	2012.09	吴平	重庆市特级教师		重庆市人民政府	省市级
54	2012.09	巫正鸿	重庆市名师		重庆市人民政府	省市级
55	2012.11	陶锐	重庆市生物优质课比赛	一等奖	重庆市教育科学研究院	省市级

序号	时间	姓名	奖项	获奖等级	颁证单位	级别
56	2012.11	李俊	重庆市数学优质课比赛	一等奖	重庆市教育科学研究院	省市级
57	2013.01	刘浩	重庆市政治优质课比赛	一等奖	重庆市教育科学研究院	省市级
58	2013.06	严科	自贡市青年教师优质课大赛	一等奖	自贡市教育科学研究院	省市级
59	2013.12	鲜小刚	重庆市化学优质课比赛	一等奖	重庆市教育科学研究院	省市级
60	2014.03	肖轶	重庆市生物优质课比赛	一等奖	重庆市教育科学研究院	省市级
61	2014.03	刘君朝	重庆市第四届高中语文优质课大赛	一等奖	重庆市教育科学研究院	省市级
62	2014.03	王益乾	石河子市青年岗位能手		共青团石河子市委员会	省市级
63	2014.04	曾永丽	重庆市第四届高中数学青年教师优质课大赛	一等奖	重庆市教育科学研究院	省市级
64	2014.04	詹益	重庆市生物优质课比赛	一等奖	重庆市教育科学研究院	省市级
65	2014.05	赵昌凤	重庆市初中地理优质课比赛	一等奖	重庆市教育科学研究院	省市级
66	2014.05	罗淞文	重庆市物理优质课比赛	一等奖	重庆市教育科学研究院	省市级
67	2014.09	杨静	四川省初中思品优质课比赛	一等奖	四川省教育科学研究院	省市级

续表

序号	时间	姓名	奖项	获奖等级	颁证单位	级别
68	2014.09	谭功云	重庆市优秀教师		重庆市教育委员会	省市级
69	2014.11	张海洋	重庆市数学优质课比赛	一等奖	重庆市教育科学研究院	省市级
70	2014.12	钟燕	重庆市初中语文优质课比赛	一等奖	重庆市教育科学研究院	省市级
71	2015.09	刘君朝	重庆市名师		重庆市人力资源和社会保障局、重庆市教委	省市级
72	2015.11	张旭	重庆市第七届中小学生艺术展演活动先进个人		重庆市教育委员会	省市级
73	2016.04	钟正付	重庆市高中地理教师优质课大赛	一等奖	重庆市教育科学研究所	省市级
74	2016.04	马成	重庆市高中生物优质课决赛	一等奖	重庆市教育科学研究院	省市级
75	2016.05	张旭	重庆市优秀团干部		重庆市团委	省市级
76	2016.06	王德周	重庆市中小学体育优质课	一等奖	重庆市教育科学研究院	省市级
77	2016.06	李润	重庆市中小学体育优质课	一等奖	重庆市教育科学研究院	省市级
78	2016.08	谭功云	重庆市教书育人楷模		重庆市教育委员会	省市级
79	2016.10	高飞	重庆市高中物理优质课大赛	一等奖	重庆市教育科学研究院	省市级

续表

序号	时间	姓名	奖项	获奖等级	颁证单位	级别
80	2016.12	陈国家	重庆市初中英语优质课大赛	一等奖	重庆市教育科学研究院	省市级
81	2016.12	郝书博	重庆市 2016 年初中历史新教材现场优质课大赛	一等奖	重庆市教育科学研究院	省市级
82	2017.02	刘波	重庆市高中英语优质课大赛	一等奖	重庆市教育科学研究院	省市级
83	2017.04	成林	重庆市第五届先进工作者		重庆市人民政府	省市级
84	2017.04	陈永明	重庆市先进工作者		重庆市人民政府	省市级
85	2017.11	李伦曲	重庆市初中化学优质课大赛	一等奖	重庆市教育科学研究院	省市级
86	2017.11	廖万华	全国中小学信息化技术创新与实践活动 NOC 信息化教育创新校长		中央电化教育馆	省市级
87	2017.11	廖万华	第十一届"地球小博士"全国地理科技大赛全国科教先进校长		中国地理学会	省市级
88	2017.11	荣碧梅	重庆市初中语文学科名师		重庆市教育学会	省市级
89	2018.01	李超	重庆市第五届高中数学青年教师优质课大赛	一等奖	重庆市教育科学研究院	省市级

续表

序号	时间	姓名	奖项	获奖等级	颁证单位	级别
90	2018.04	张玲	中学语文第六届青年教师优质课大赛	一等奖	重庆市教育科学研究院	省市级
91	2018.04	任珍	重庆市初中优质课大赛	一等奖	重庆市教育科学研究院	省市级
92	2018.04	梁多俊	重庆市最美教师活动		重庆市委宣传部、教委	省市级
93	2018.04	荣碧梅	重庆市最美教师活动		重庆市委宣传部、教委	省市级
94	2018.05	王肇廷	重庆市高中物理优质课大赛	一等奖	重庆市教育科学研究院	省市级
95	2018.07	徐鑫龙	重庆市第八批援藏工作队第二援藏年度工作优秀共产党员		中共重庆市第八批援藏工作队临时委员会	省市级
96	2018.09	毕波	重庆市普通中小学"优秀班主任"		重庆市教育委员会	省市级
97	2018.10	张旭	重庆市第四届音乐优质课大赛	一等奖	重庆市教育科学研究院	省市级
98	2018.11	肖冷辰	重庆市高中化学优质课大赛	一等奖	重庆市教育科学研究院	省市级
99	2019.04	肖明艳	重庆市初中地理优质课大赛	一等奖	重庆市教育科学研究院	省市级
100	2019.07	梁多俊	重庆市教书育人楷模		重庆市教育委员会	省市级
101	2019.07	徐鑫龙	优秀援藏干部人才		中共昌都市委市人民政府	省市级

续表

序号	时间	姓名	奖项	获奖等级	颁证单位	级别
102	2019.08	梁多俊	重庆市优秀班主任		重庆市教育委员会	省市级
103	2019.10	彭静	重庆市初中生物优质课决赛	一等奖	重庆市教育科学研究院	省市级
104	2019.10	王泰雯	重庆市初中语文青年教师优质课竞赛	一等奖	重庆市教育科学研究所	省市级
105	2019.11	梁多俊	重庆市化学基础教育提名奖		重庆市化学专委会	省市级
106	2019.12	谢勇	重庆市第四届中小学课程育德精品课评比	一等奖	重庆市教育科学研究院	省市级
107	2020.01	苟开青	重庆市高中语文优质课大赛	一等奖	重庆市教育科学研究院	省市级
108	2020.11	卢东	重庆市高中物理优质课大赛	一等奖	重庆市教育科学研究院	省市级
109	2020.12	钟琦	重庆市初中历史优质课大赛	一等奖	重庆市教育科学研究院	省市级
110	2020.12	周玲	重庆市初中英语优质课大赛	一等奖	重庆市教育科学研究院	省市级
111	2020.09	王薇	重庆市普通中小学优秀班主任		重庆市教育委员会	省市级
112	2020.09	荣碧梅	重庆最美书香家庭		重庆市教委、中共重庆市委宣传部	省市级
113	2021.04	杨守兵	重庆市中学生田径锦标赛优秀教练		重庆市教育委员会	省市级

续表

序号	时间	姓名	奖项	获奖等级	颁证单位	级别
114	2021.04	周江	重庆市中学生田径锦标赛优秀裁判		重庆市教育委员会	省市级
115	2021.07	李天华	重庆市教育系统优秀共产党员		中共重庆市委教育工作委员会	省市级
116	2021.09	廖万华	重庆市最美校长		重庆市教育委员会	省市级
117	2021.09	钟燕	重庆市最美教师		重庆市教育委员会	省市级
118	2021.09	巫正鸿	重庆市教书育人楷模		重庆市教育委员会	省市级
119	2022.04	黄松	第十四届全国学生运动会重庆代表团优秀教练员		重庆市教育委员会	省市级
120	2021.09	唐安瑜	重庆市思政课竞赛	一等奖	重庆市教育科学研究院	省市级
121	2021.09	郑秋露	重庆市公共安全教育优质课一等奖	一等奖	重庆市教育科学研究院	省市级
122	2020.11	马小璐	重庆市第七届初中数学青年优质课大赛	一等奖	重庆市教育科学研究院	省市级
123	2020.12	彭婧	重庆市中学物理教师教学技能大赛	一等奖	重庆市教育学会	省市级
124	2021.01	贡薇	重庆市初中道德与法治优质课大赛	一等奖	重庆市教育科学研究院	省市级

续表

序号	时间	姓名	奖项	获奖等级	颁证单位	级别
125	2021.01	邹雷	重庆市高中思想政治学科优质课大赛	一等奖	重庆市教育科学研究院	省市级
126	2021.05	董志磊	重庆市高中历史优质课大赛一等奖	一等奖	重庆市教育科学研究院	省市级
127	2021.07	陈旭东	重庆市中学音乐教师现场赛课	一等奖	重庆市教育委员会	省市级
128	2022.06	杨豪	2022 年重庆市普通高中信息技术优质课大赛	一等奖	重庆教科院	省市级

五、未来展望

在漫长的历史长河中，教育之路延绵不断，文明之火生生不息。学校发展既要"思接千载"，勾连着学校波澜壮阔的过去；又要"视通万里"，凝望着学校方兴未艾的未来。

一百余年前，晚清进士高凌霄先生在求新图变中开创了璧山中学。抗战陪都时期，苏州大学前身国立社会教育学院在我校办学，一代教育名流和硕学鸿儒云集我校。日新月异的今日，学校紧随新时代的步伐，正式形成"一校三点"办学格局，领航璧山教育发展，教育教学竿头日上。

怀抱着顺应时势的勇气与求新求变的魄力，一代又一代璧中人将继续孜孜不倦、勇立潮头，学校将继续薪火相传，赓续先贤之文脉，聚焦区域之优势，以"十四五"规划发展为契机，打开成渝双城教育发展格局，实现学校跨越转型。届时，教育将高贵而公平，学校将清明而道生，教师将自由而博爱，学生将向善而有灵。

在这个充满机遇的新时代，我们有新图景——到 2026 年，学校将变为一所自由型发展体、科研型共同体、学习型合作校、数字化智能校；到 2026 年，学校定会成为一所具有鲜明璧玉品格、山岳精神的中华名庠！

Ⅰ Ⅱ Ⅲ Ⅳ 精神文化子系统

　　精神文化是人类在从事物质文化基础上产生的一种人类所特有的意识形态，是人类各种意识观念的集合。在不同领域，精神文化有着不同的内涵与表现。学校精神文化是学校群体在长期的教育教学实践中积淀起来的。它是学校文化的核心，是全体师生认同的一种群体意识，是学校文化最本质、最集中的体现。

　　本章集中概述了璧山中学的精神文化子系统，主要内容包括学校办学核心理念、学校教育主题、学校系列二级理念、学校综合性发展目标、专项发展目标、教师发展目标、学生培养目标、校训、班训、团训、学校精神、校风、教风、学风、学校教育铭言、楹联、师生誓词、学校赋等。

　　璧山中学的精神文化内容彰显了学校的办学理念与特色，它渗透于学校组织机构和运行的各个方面。这些精神文化内容更是百年璧中深厚的历史积淀，在校内拥有广泛的认同度。现在我们将其进行系统化整理，以便让每一个璧中人受到这种文化力量的感召，奋勇向前，助推学校的全面发展。

第一节　办学核心理念与教育主题

一、办学核心理念

璞石化璧，厚学如山。

璞石指未经雕琢的玉石，璧指平圆形中间有孔的玉，"璞石化璧"既指琢石成玉的过程，又指负笈而来的璧中学子成仁成材的过程。"玉不琢不成器"，故需要把璞石化为璧，把学生培育成栋梁。"厚学如山"，取"坤厚载物"之义，不仅指深入致学的状态，也指学识深厚的结果。两个词语组成一联藏尾短诗，"璧"与"山"为点睛之笔，既点明地理风土，又点染人文底蕴。璧山乃翰林之乡，守正的璧山中学将光大璧山崇文明道之传统；璧山又是新时代成渝双城经济圈的"迎客厅"，创新的璧山中学将抓住新机遇、实现新作为。把"璧""山"二字融入办学核心理念中，也有感恩家乡、不忘桑梓之意。

二、学校教育主题

璧玉教育。

《尔雅》云："肉倍好谓之璧。"《礼记·玉藻》云："君子于玉比德焉。"璧玉喻指美好的事物和德行，这里指璧山中学高瞻远瞩的管理团队和爱岗敬业的教师、勤学善思的莘莘学子。学校将汇聚中外优质教育资源，培育"璧玉"之人才。

第二节　学校办学二级理念

一、规划理念

游目古今、骋怀中外。

自 1907 年立校，学校已有 110 余年办学历程。百余年来，学校直面历史深刻的大变局，经历过惊天动地的大事件，正面临风云际会的大时代和百年难遇的大机遇。凡此种种，皆沉淀为一所学校的传统精神文化。作为学校的战略布局和整体规划，我们要有历史眼光，扬固有的人文传统之大旗；我们要有国际视野，让"立足璧山、辐射全国、走向世界"的美好愿景落地生根。

二、治理理念

传承创新，融合共生。

一方面，学校传承百年名校之精粹，弘扬优良的文化传统，继承辉煌的办学成就；另一方面，学校借力成渝双城经济圈，抢占基础教育发展新高地，开创国际教育先河，积极探索传统教育与新时代教育、东方教育与西方教育的融合。通过思想引领、学习提高、求是发展、精细管理促进传承创新，通过传承创新反哺学校发展，形成上下联动、左右协同的管理格局，打造协同共生、变革共进的未来图景。

三、教职工队伍建设理念

以人为本，和谐共进。

以人为本： 尊重、理解、关爱、成就教职工。

和谐共进： 营造和谐氛围，加强团队建设，用科学激励和发展性评价增强教职工队伍的凝聚力，让学校上下同心，让教职工携手并进。

四、课程理念

合璧为学，育能成山。

合璧为学： "璧"乃美好的事物，"合璧"就是将美好的事物有机地结合在一起，进行科学的结构化处理。"学"指学问、学习。通过学习把好的东西结合在一起，形成未来具有竞争力的学问，即"合璧为学"。

育能成山： "能"乃未来社会所需的关键能力。通过"璧玉教育"使师生特别是学生获得未来社会所需的、系统的关键能力，在未来社会超群卓越、出类拔萃、傲立成雄、屹立如山。

五、教学理念

因学施导，促学成才。

因学施导： "学"指学习者、学习目标、学习行为、学情。"导"指导学、引导、指导。教师的身份要由讲师变成导师。导，包括导目标、导内容、导途径、导方法、导合作、导展示、导探究、导自鉴、导巩固、导拓展等，还包括导意志、导决心，更要包括导品德、导成长方向。教学应以学为本，研究学与导，因学施导，提供"无人不可学、无处不可学、无时不可学"的导学服务。

促学成才： 促进学习者高效学习，成为社会栋梁之才。

六、公民教育理念（德育理念）

养高山之品，蕴璧玉之德。

重璧山下，白石如玉。《诗经》以"高山仰止，景行行止"喻德为山，《国风》以"言念君子，温其如玉"比德于玉。山玉精神既是代代璧中人根脉相承的思想原型，也是璧中人念兹在兹的理想人格。山玉精神之核心内涵于今日之璧中学子，主要表现为高尚品德、家国情怀、科学信仰、法治意识、文明习惯、健全人格。

七、安全工作理念

尊重规律，预防为主，注重疏导，处置恰当。

尊重规律： 是指学校的安全工作应遵循教育工作的一般规律，遵循学校安全管理工作的一般规律，坚持实事求是，把尊重客观规律和发挥人的主观能动性相结合，以尊重为前提，从客观规律出发，落实学校安全教育工作。

预防为主: 是指在尊重客观规律的基础上, 按照系统、科学的管理方法, 把可能导致安全事故发生的隐患消除在事故发生之前, 做到防患于未然。

注重疏导: 是指循循善诱, 博人以文, 约人以礼。安全工作要有效地与学校德育工作相结合, 强化心理健康教育, 对学生循循善诱地进行引导。在突发事件的处置中, 利用好媒体, 充分发挥心理老师的作用, 缓解各方情绪, 落实对涉事主体的心理疏导工作, 将事态稳定在可控范围内。

处置恰当: 是指根据国家的法规和学校的规章制度, 给予违法违纪的人恰当的处理, 做到轻重适中、不枉不纵, 在公平公正的基础上, 依据相关规定, 进行恰当的处置。

八、后勤服务理念

铸工匠精神, 强服务保障。

铸工匠精神: "工匠"指有专门技术、技艺精湛的工人;"工匠精神"是指坚定、踏实、爱岗敬业、精益求精及对完美品质孜孜以求的精神;"铸工匠精神"就是要铸造敬业、精益、专注、创新的精神。

强服务保障: 通过不断铸造工匠精神, 落实优质、贴心、及时、精准的服务保障。

九、评价理念

公平、多元、精准、发展。

公平: 指对待、评价教师和学生公平; 对学生教育起点公平, 对教师教学起点公平; 对师生教学和学习过程公平; 对教师考核结果和学生学业水平评价公平; 对学校管理制度执行公平等。

多元: 第一, 评价对象多元。评价的主体有教育主管部门、家长、学生、人大代表等, 评价的客体涉及学校不同的学生、教师、部门, 还有学校的方方面面。第二, 评价目标多元。评价目标包含宏观性目标、中观性目标、微观性目标, 通识性目标、差异性目标, 长远性目标、阶段性目标等。第三, 评价标准多元。根据评价客体具体情况的不同, 适度拔高, 确定不同阶段、不同层次的评价标准。第四, 评价内容多元。对学生从德智体美劳全方位进行评价, 对教师从师德师风、教育教学、科研教研等全方位进行评价, 对学校从精神文化、教育教学、后勤管理全方位进行评价。第五,评价类型多元。做到定性评价和定量评价相结合,起点性评价、过程性评价、终结性评价(总结性评价、结果性评价)相结合,相对性评价和绝对性评价相结合,静态性评价和动态性评价相结合。第六,评价方法多元。根据需要,综合采用或单一采用档案袋评价法、绩效评价法、问卷评价法等。

精准: 指在评价工作中做到简明、准确、易操作。

发展: 基于评价对象的通识性和差异性,体现增值性评价,通过评价推动被评价者的可持续发展。

第三节　学校的发展目标

一、学校综合性发展目标

学校综合性发展目标：到 2026 年 7 月底前，把本校建成具有鲜明的璞玉品格、山岳精神的中华名庠。

▶ **第一阶段（2022 年 9 月—2024 年 8 月）**
三个校区均衡发展，规章制度建立健全，内部管理运作有序，学校品牌初步建立。

▶ **第二阶段（2024 年 9 月—2026 年 7 月）**
质量立校，高考重点上线人数和考入清华大学、北京大学等国际名校人数有重大突破；特色强校，打造集"璞玉教育"与智慧校园为一体的璧中品牌；文化兴校，创建具有文化辐射力与品牌影响力的中华名校。

二、学校部分专项发展目标

（一）学校文化体系专项发展目标

在 2026 年 7 月底前，把本校的文化体系建设成内化于心、外化于形、固化于制、教化于行的国内一流的学校文化体系。

学校始终坚持以"璞石化璧，厚学如山"为办学核心理念，以"璞玉教育"为教育主题，打造独特的精神文化、执行文化和形象文化体系。通过学校文化体系建设和文化活动的开展，让学校文化落地生根，真正根植于师生的思想和行动中，在无形中统领全体师生的灵魂，使学校文化引领学校和师生的内涵发展，真正实现学校文化"润物细无声"的育人魅力，助推学校成为具有文化品位的全国名校。

（二）学校治理体系专项发展目标

学校以"立德树人"为根本任务，以"传承创新，融合共生"为理念，分成 2 个阶段，在 2026 年 7 月底前，基本建成机构合理、制度健全、运行高效、激发有力的学校治理体系。

► **第一阶段（2022年9月—2024年8月）**

全面构建管理体系、文化体系、价值体系，优化内设机构，实施"六大战略"，细化岗位职责，激活管理团队和教师队伍。

► **第二阶段（2024年9月—2026年7月）**

全面构建质量体系（教学体系、教研体系、科研体系、德育体系、课程体系），深耕高效课堂，推行多维考评，完善"璧玉教育"课程，让璧中品牌辐射全国、走向世界。

（三）学校教师队伍专项发展目标

到2026年7月底前，建成一支具有学习力、探究力、开发力、执行力、导学力、协调力、评价力，且作风优良、结构合理的教师队伍。

坚持"以人为本、和谐共进"的教职工队伍建设理念，实施"学校管理人本战略""教师成长名师战略""团队激励暖心战略""员工发展卓越战略"四大战略，分阶段实现教职工队伍专项发展目标，建成一支一流的教职工队伍。

► **第一阶段（2022年9月—2024年8月）**

加强师德师风建设，引导教师把教书育人和自我修养结合起来，追求以德立身、以德立学、以德施教；通过"引进来"和"走出去"等方式，不断学习新的教学理念和方法，做到与时俱进；开展集体备课、学科教研周、说课赛课等活动，促进教师将新的教学理念和方法融入到课堂教学中，不断提高业务水平。

► **第二阶段（2024年9月—2026年7月）**

深化实施"四大战略"，利用大数据深入分析、研究教师，实现对教师队伍的精细化管理和培养；不同年龄、不同学历、不同职称、不同性别的教师有个性化发展规划，目标明确、充满激情；到2026年7月底前，全体教师的七大核心能力（学习力、探究力、开发力、执行力、导学力、协调力、评价力）得到最大程度提升，教师队伍结构得到最大程度优化。

（四）学校课程体系专项发展目标

在2026年7月底前，建成以"合璧为学、育能成山"课程理念为中心的，包含国家课程、境外课程、地方课程、校本课程和班本课程在内的，面向未来的学校课程体系。

国家课程包括基础性课程和综合性课程，基础性课程包括语文、外语、数学、物理、化学、生物学、历史、地理、音乐、美术，综合性课程包括思想政治（道德与法治）、综合实践活动、技术（含信息技术和通用技术）、体育与健康等。

境外课程包括境外组织开发的基础性课程、拓展性课程和综合性课程。其中，基础性课程包括 ESL 课程、标化考试课程（如雅思考试）和 AP 课程；拓展性课程包含体育类课程和手工类课程等；综合性课程包括 STEM 课程，如数学、科学技术等。

地方课程包括法制教育和研究性学习等。

校本课程包括语言类、社会科学类、自然科学类、体育与健康类、艺术类和大综合类 6 个类别。

班本课程包括数学竞赛课、物理竞赛课和强基校考课等。

按照新的课程体系的要求帮助学生在品格、知识、能力、体魄等方面全面发展，成仁成才。

（五）学校高效教学体系专项发展目标

在 2023 年 7 月底前，建成以"因学施导、促学成才"教学理念为中心，全面发展和充分发展兼顾、效能较高、结构完备的高效教学体系。

> ▶ **第一阶段（2022 年 9 月—2024 年 8 月）**
> 基本形成符合学校实际的高效教学体系的理论研究成果，基本形成以原"535"和谐教学模式为基础的高效教学模式的基本式和各大类变式（学段变式、学科变式、课型变式等）。
>
> ▶ **第二阶段（2024 年 9 月—2026 年 7 月）**
> 在教育实践中修正、完善、丰富高效教学模式的基本式与变式，推进研究成果的转化，由理论性成果向实践性成果转化，实践性成果在理论上得到提升。

（六）学校德育体系专项发展目标

以"养高山之品、蕴璧玉之德"为德育理念，到 2026 年 7 月底前，建成以"十美德"教育、生涯规划指导、心理健康教育为主要特色，课程体系化、活动序列化、育人协同化的现代学校德育体系。

▶ **第一阶段（2022年9月—2024年8月）**

在现有"十美德"教育、生涯规划指导、心理健康教育等特色德育课程基础上，继续深化和完善德育课程体系"八有班集体"建设和养成教育；打造具有学校特色的科技节、文化节、艺术节、体育节、心育节、社团节、家校节等七大节；开发生存能力培训节日课程、安全法治课程；完善以家长委员会和家长学校为依托的家校共育体系。

▶ **第二阶段（2024年9月—2026年7月）**

形成体系化、特色化的德育体系，包括课程指导、活动体系、评价体系等，打造特色鲜明的德育品牌。营造和谐的校园氛围，学生综合素质得以进一步提升。

（七）学校教育数字化专项发展目标

以"融合创新、助推发展"的学校数字化建设理念为核心，通过两个阶段的发展，使学校教学、科研、管理、服务全面实现数字化、信息化、网络化，实现信息资源和信息服务的合理规划、合理分配、合理利用。

▶ **第一阶段（2022年9月—2024年8月）**

通过智慧教育等平台的打造，学校信息化建设基本实现教学应用覆盖全体教师、学习应用覆盖全部学生，师生的信息化应用水平和信息素养得到明显提高。

▶ **第二阶段（2024年9月—2026年7月）**

进一步优化信息化平台，丰富平台资源与应用，让信息化发展与学校发展深度融合，实现从融合应用到创新发展的转变，推动教学与管理更高效。

（八）学校中外人文交流专项发展目标

心怀中华、放眼寰宇，坚持以课程为基础、学科为主线、教师为引领、学生为主体，围绕国家和学校确定的中外人文交流任务，吸纳优质师资，开设特色学部、特色班级、特色课程，广纳优质学子，到2026年7月底前，建成学校中外人文交流课程体系，使学校成为重庆市乃至全国有影响力的国际化教育先进中学。

> ▶ **第一阶段（2022年9月—2024年8月）**
>
> 完善中外人文交流中心双轨制学生培养体系，优化精准教学、个性培养、出口多元的特色课程班教学体系，吸纳海内外优秀学子来我校就读。
>
> ▶ **第二阶段（2024年9月—2025年8月）**
>
> 初建专业化升学指导团队，全面实行完备的双课程体系，全力发展STEM课程，打造我校的精品国际课程。
>
> ▶ **第三阶段（2025年9月—2026年7月）**
>
> 建成我校高质量、专业化的升学指导团队，培养能够入读世界QS大学排行榜前十名大学的顶尖学生，提升璧山中学国际化教育知名度。

（九）学校后勤服务、安全管理专项发展目标

1. 后勤服务专项发展目标

紧紧围绕学校教育教学中心任务，从教育教学、师生员工的需求入手，立足财务管理、物资采购、基建维修、食堂管理、环境管理等各个方面，注重细节、追求极致，致力于打造规范、优质、高效的后勤服务。

> ▶ **第一阶段（2022年9月—2024年8月）**
>
> 规范后勤服务标准，建立健全集要求、规范、实施、反馈、评价于一体的后勤管理标准化体系，实现后勤工作质效提升；着力挖掘璧中后勤人的闪光点，让每一位后勤人在各自岗位上发光发热；充分运用学校现有资源优势，打造独具璧中特色的后勤品牌，探索引入后勤服务社会化机制。
>
> ▶ **第二阶段（2024年9月—2026年7月）**
>
> 全面实行后勤服务标准化、社会化；借力大数据、人工智能等科技化手段，建立健全学校后勤服务智能化体系，实现全方位、全视角、规范化管理；不断激发璧中后勤人活力，让每一位后勤人主动作为，让学校后勤服务品牌成为全区乃至全市的亮丽名片。

2. 学校安全管理专项发展目标

以保障教育教学为根本目的，以"三防"建设为根基，通过安全教育、安全培训、安全监管等途径，培养具有安全意识、掌握安全技能的新时代好青年，打造富有安全感，具备安全保障的新时代平安校园。

▶ **第一阶段（2022 年 9 月—2023 年 8 月）**
健全安全管理制度。建立健全消防管理、校门出入管理、集会及大型活动管理、视频监控管理、义务巡逻队等制度，确保安全管理工作有章可循。

▶ **第二阶段（2023 年 9 月—2024 年 8 月）**
形成科学的安全教育和培训体系。抓住两条教育培训线：一是安防人员专业培训；二是学生安全教育。通过定期开展教育培训，形成科学、系统的教育培训内容和方法，提升全校师生安全意识。

▶ **第三阶段（2024 年 9 月—2025 年 9 月）**
完善校园安防设施。在原有安防设施设备的基础上，进一步更换老旧设备，补齐"漏洞""短板"和"盲区"，确保校园安防硬件设施全覆盖、全正常。

第四节　学校培养目标

一、学生培养目标

培养具有璧玉之德、江海之知、大成之能、缙云之体的地球村卓越公民。

璧玉之德： 玉有仁、义、智、勇、洁五德，"璧玉之德"旨在培养具有高尚品德、家国情怀、科学信仰、法治意识、文明习惯、健全人格的学生，使他们温润、敦厚、高贵、纯洁又不失刚毅与坚卓。

江海之知： 璧山有璧南河、璧北河、梅江河三条河。三条河虽小，最终都汇入汪洋大海。"江海之知"旨在培养具有广博知识的学生，使他们博闻强识、知微见远，智慧淼淼无穷。

大成之能： 大成，大的成就之意，语出《易经》"元吉在上，大成也"。"江海之知"旨在培养具有大成能力的学生，使他们卓越、优异、专注、自律，每日努力提高自我，成就自我也成就他人。

缙云之体： 璧山中学位于缙云山脉旁侧。缙云山脉延绵数百里，磅礴恢弘，气象万千。"缙云之体"旨在培养具有如同缙云山一样雄健体魄的学生，使他们身体强壮，意志坚定，刚毅勇敢。

二、教师专业发展目标

发展成具备学习力、探究力、开发力、执行力、导学力、协调力、评价力的新时代卓越教师。

2018年10月，教育部印发了《关于实施卓越教师培养计划2.0的意见》，璧山中学结合学校实际、时代趋势、教师发展等方面的因素，提出了卓越教师应有的核心能力。

一是学习力。 它包括学习动力、学习毅力和学习能力等要素。

二是探究力。 它包括分析问题、研究问题、解决问题的能力，具有对教育真理的尊崇与不懈之追求。

三是开发力。 它包括对学生心力、智力的开发能力，校本课程的开发能力，国际课程、国家课程校本化处理的能力，教学模式的开发能力，班级管理新模式的开发能力，学校或班级制度的开发能力，学生新的社团组织的开发能力等。

四是执行力。 它包括对党、各级政府和政府的教育行政部门、学校的相关要求的执行能力等。

五是导学力。 它包括引导和帮助学生自我学习、自我解决问题的能力等。

六是协调力。 它包括协调生生关系、师生关系、师师关系、教师与领导的关系、教师与家长的关系、教师与社会的关系的能力，达到一种和谐祥美、美美与共的状态。

七是评价力。 它包括对自我的评价、对学生的评价、对学校的评价的能力。在对学生进行评价时，应侧重发展自己对学情、对学生思想状态的评价能力。

第五节 训言

训言，乃教诲之言。璧山中学训言包括校训、班训和社团训言三类。校训是我校精神文化的核心内容，是全校广大师生共同遵守的基本行为准则与道德规范。它既是我校办学理念、治校精神的反映，也是教风、学风、校风的集中表现。班训是我校各个班级的训言，它是规范班级行为，凝聚班级力量，激发班级潜力，引领班级奋斗的灵魂。社团训言是我校各个社团的训言，体现我校各个社团的特色。

一、校训

璧山中学校训为正心、博识、卓能、强体。

璧山中学校训紧扣"璞石化璧、厚学如山"的办学核心理念，契合"德、智、体、美、劳全面发展"的教育方针，为全体师生共同遵守的行为准则和规范，为璧山中学的精神之魂。

正心： 心怀内美，重以修能，正大高明，胸怀天下。

博识： 格物致知，识多才广，穷究天人，融会贯通。

卓能： 勤练本领，知行合一，英才卓越，各尽其能。

强体： 野蛮体魄，文明精神，修身养性，体健身康。

二、班训

表 2-1 部分班级班训

班级	班训
初 2020 级 A6 班	勤学乐思，团结奋进
初 2020 级 A5 班	能文能武，乘风破浪
初 2020 级 A10 班	天道酬勤，恒者必胜，志在高远
初 2019 级 4 班	用自律和坚持，换春华与秋实
初 2019 级 11 班	博学慎思，励志笃行；自强自律，团结奋进

续表

班级	班训
初 2019 级 37 班	业，精于勤而荒于嬉；行，成于思而毁于随
初 2018 级 2 班	今日雏鹰展翅飞翔，他日雄鹰搏击长空
初 2018 级 4 班	少年辛苦终身事，莫向光阴隋寸功
初 2018 级 20 班	破茧成蝶，"璧"嗅花香；凤凰涅槃，翱翔苍穹
高 2023 届 A1 班	青春如火，超越自我
高 2023 届 B3 班	团结、识礼、拼搏、求精
高 2023 届 A12 班	真正的强者永不抱怨
高 2022 届 3 班	志存高远，团结拼搏；文明高雅，乐学善思
高 2022 届 7 班	行如猛虎，势如泰山，主宰沉浮，义胆忠肝
高 2022 届 14 班	健康身体是基础，良好学风是条件，勤奋刻苦是前提，思考方法是关键，心理素质是保证
高 2021 届 2 班	不思，故有惑；不求，故无得；不问，故无知
高 2021 届 8 班	静能生慧，细节决定命运
高 2021 届 22 班	态度决定一切，奋斗成就未来

三、社团训言

表 2-2 部分社团训言

社团名称	训言
合唱社	聆听音乐，涵养美能，感受文化，创造谐声
插花艺术与设计	一花一世界，一叶一菩提。托物言志、借花喻人
甜蜜烘焙屋	用心烘焙甜蜜。烘焙幸福时光，创造甜蜜生活

续表

社团名称	训言
茶艺社	品茶、论道
英语话剧社	与英相伴，携音共舞，在剧中学，在乐中学
国学社	感受国学文化魅力，砥砺中华精神情操
琴筝社	空灵之声令人忆起那山谷之幽，高古之音引人御风在彩云之际
编织社	一针一线，一双巧手编织精彩；一心一意，一颗真心谱写未来
中国结	一丝红线，华美尽显
花样跳绳	跳出健康，跳出快乐
钢琴社	用音符谱写快乐人生
微视频社团	用视频挥洒创意，用镜头记录人生
管弦乐团	走进音乐殿堂，感受交响魅力，体会艺术人生
舞蹈社	舞是乐之心，乐为舞之声
十字绣社	织出天上品质，绣出人间精彩
国画社	笔墨纸砚间，意韵丹青留
篮球社	青出于"篮"，精益于"球"
无土栽培	领略植物的魅力，见证生命的历程
羽毛球社	青春飞扬，谁"羽"争锋
插画社	放飞想象的翅膀，插绘多彩的青春

第六节　学校精神与"三风"

一、学校精神

立庠立学，如璧如山。

庠，先秦时期学校称谓之一。《说文解字》中有"夏曰校，殷曰庠，周曰序"。"立庠"，意指璧山中学将办成重庆乃至全国名校。"立学"，意指璧山中学将始终坚持培养德智体美劳全面发展的优秀学子。"璧"，指美好；"山"，指雄健、博大。"如璧如山"将刚与柔结合，阴与阳调和，学校和学问都要像璧一样的美好、温润、高洁，同样要像山一样的厚重、雄健和刚毅。

二、"三风"

（一）校风

正、勤、智、恒。

正　守一以正，方直不曲。古人云：欲修其身者，必先正其心。引申为端正求学态度，做刚健正直之人。寓意璧中人心要端正，行为正直，做事正义，态度不偏不倚恰到好处。

勤　劳也，从力，堇声。韩愈《进学解》曰："业精于勤荒于嬉，行成于思毁于随。"引申为勤于钻研、勤于实践、勤于反思。寓意璧中人要以勤作为做人做事的标准。

智　上知下日，每日探索新知，就会增加智慧。《论语》将"智"列为"五常"之一，是"天下之达德"。引申为有智识、有智谋、有智慧。寓意璧中人培育自我之智慧，修炼慧能，做机智、敏锐的璧中人。

恒　常也，从心。本义为上弦月渐趋盈满的样子，有恒久之义。引申为持之以恒的毅力、持久不变的意志。寓意璧中人守正笃实，久久为功，以最顽强的意志、最持久的耐力，锲而不舍、驰而不息地学习和做事。

（二）教风

激趣为始，协和为怀，导学为法，自省为鉴。

激趣为始：教师要以激励学生兴趣为教育起点，以兴趣引导促进自我探索。

协和为怀：引导学生协和共进，倡导合作学习，互相激励。具有合作精神，与同事、学生团结协作，共同进步。

导学为法：教学方法要多用点拨、引导类方法。

自省为鉴：开展教学评价时要优先采用自省类评价方式与方法，适时开展教学反思，并以反思作为教学之明鉴。

（三）学风

道法协同，知能协合，己群协进，承创协辉。

道法协同：万事万物都有自身之道，学习亦然，探求并符合学习之道，如船行于顺风顺水之中，能使学习快速高效，事半而功倍。道与法的关系，乃宏观与微观的关系、战略与战术的关系、体与用的关系、体系与分支的关系、规律与具体知识的关系。合道之时，还要讲法，即摸索出一套自己的学习方法。

知能协合：知识是基础，能力是关键。把知识能力化，能力知识化，让知识与能力并兼发展，不可偏废，切忌高分低能。

己群协进：个人独立学习、独立发展不可少，团队群体学习、群体发展不可缺。个人离不开集体，集体由个人组成，都是不同规模的学习主体。善学者当好好利用个体独立学习和团队集体学习的各自优势，把自己融入到群体之中，得群体之助必能大受益。

承创协辉：学习不是当两脚书橱，贵在继承中创新。继承是创新的基础，创新是继承的发展。没有创新的继承，会缺少活力；没有继承的创新，是空中楼阁。剔除糟粕，取其精华，有选择地继承，通过继承夯实创新的基础。这是一个民族进步的关键，是一个国家兴旺发达的不竭动力。

第七节　学校教育铭言和楹联

一、学校综合性教育铭言（部分）

让璧山中学每一个人都成为最闪亮的明星。

让每一个璧中人、璧山人因璧山中学而骄傲、自豪。

四种意识： 学习意识、责任意识、创新意识、团队意识。

五大情怀： 人文情怀（尊重人的尊严价值，尊重精神和文化价值）、科学情怀（理性、实证、求是、求真、创新、虚心、严谨）、教育情怀、管理情怀、璧山情怀（感恩、融入、热爱、奉献）。

八心育人： 教书育人的璧中人面对教育要拥有忠心、爱心、童心、信心、恒心、宽容之心、公正之心、人文之心。

十德化人： 以"礼、忠、学、志、信、孝、善、谦、勤、俭"十种美德感化学生。

二、学校专项性教育铭言（部分）

（一）文化建设铭言

博采众长，珠联璧合。

（二）学校治理铭言

1. 规划铭言

守正创新，行稳致远。

深耕厚植，创新引领。

高瞻远瞩，融会贯通。

放大格局，守望未来。

2. 校长铭言

君子不器，未来可期。

厚德博学，慎思笃行。

尚德敏学，唯实唯新。

赋能师生成长，做大璧中格局。

心系学校，情系师生。

3. 党建铭言

规范精细，融合引领。

勇于担当，砥砺前行。

初心如磐，使命在肩。

4. 领导班子铭言

行源于心，力源于志。

俭以养德，廉以立身。

心怀大局，知责有为。

踵事增华，行远自迩。

砥砺奋进，笃行致远。

依法办学，以质立校。

5. 校区建设铭言

各美其美，和而不同。

（三）教职工队伍建设铭言

尊重教师，信任教师，依靠教师，发展教师。

（四）课程体系建设铭言

国家课程校本化，校本课程素养化。

面向世界，面向未来，尊重个性，全面发展。

科学化，多元化，现代化，国际化。

（五）高效教学铭言

预习展示皆精彩，你争我抢乐开怀。

要让学生成为学习的主人，先让学生成为课堂的主人。

以点头、微笑、拥抱、鼓掌等激发快乐情绪的方式，促进学生成功。

自学要"学够"、展示要"充分"、点评要"到位"。

让学生表现课堂、体验课堂、感悟课堂、享受课堂。

你说我讲，快乐课堂；你争我抢，放飞梦想。

教师之为教，不在全盘授予，而在相机诱导。

好的先生不是教书，不是教学生，乃是教学生学。

（六）德育铭言

以情动人，以行带人；以智教人，以德育人。

德育活动化、课程化、体系化。

（七）教研、科研铭言

独立思考，敢于质疑，乐于反思，勤于探索。

持之以恒，精益求精。

（八）信息化建设铭言

线上名库，云端璧中。

智慧校园，靓丽风景。

掌握信息，赢得未来。

提升信息化，点燃新引擎。

（九）中外人文交流铭言

东儒西哲，双璧合一。

心系神州，放眼寰宇。

中国视角，世界眼光。

融中西之学，通古今之变。

晓世界，知中华。

（十）后勤服务工作铭言

后勤不候，服务为先。辅助是前提，服务是核心，保障是基础。

（十一）安全管理工作铭言

居安思危，未雨绸缪。落实细节，防微杜渐。

（十二）发展性评价铭言

以评促教，以评促学，教学相长，提高质量。

不以不善而废其善。

评价不是为了排队，而是为了促进发展。

成绩主要说明学习起点的新状况，而不是提供终结性的结论。

应当用发展的眼光看成绩，用发展的眼光看学生，用发展的眼光看教师，用发展的眼光看学校。

多一把衡量的尺子，就会多出一批好学生。

培养人，就是培养他对前途的希望。

三、楹联

为做好学校厅、亭的命名工作，璧山中学面向全国征联。征联于 2020 年 7 月 15 日截止，收到来联 1 000 余幅，作者近 300 人。7 月 24 日，经过公平、公正评选，选出枫香湖校区学术报告厅采用联 2 幅，优秀联 4 幅；双星校区状元亭、博文亭、凌霄亭采用联各 1 幅，优秀联各 2 幅。

玉在璞中，任之则为石，琢之则为璧；

学争鳌首，小积以成丘，大积以成山。

（作者：雷秀春）

与荟名师立论，善始善成，谓有源头来活水；

其为大匠运斤，如磨如琢，所欣璞石化通灵。

（作者：胡云泉）

璧合珠联，寒寒于焚膏以继，百载枫香熏透玉；

山重水复，攀攀者负箧而来，一江金鲤化成龙。

（作者：祁春新）

枫下识楩楠，枝叶关心，呵玉飞珠倾雨露；

香中温卷帙，湖山入眼，握瑜抱璧展经纶。

（作者：周永红）

厚学仰高山，看枫浦流香，璞岩化璧；

树人遵大道，尚教之无类，育以有恒。

（作者：陈书锦）

志当坚，心当定，事当勤，璞石精研终化璧；

知以广，学以恒，思以密，土丘厚积久成山。

（作者：肖六芹）

校蔚双星，敢跃龙门题雁塔；

名扬四海，更开虎步占鳌头。

（作者：罗杰）

贵在坚持，晨昏不负等身卷；

成于勤苦，笑傲同看及第花。

（作者：缪旭东）

且从寸寸琢璞玉；

只为行行出状元。

（作者：杨跃进）

博我以文，约我以礼；

十年树木，百年树人。

（作者：黄春健）

博识洽闻，万卷品来书有味；

文心慧骨，一身修作玉无瑕。

（作者：马瑞新）

学矣孜孜，一万卷收来眼底；

谈而侃侃，五千年涌上心头。

（作者：刘咏）

立身如鹤唳九天，所怀宜远；

为学效鹏抟万里，有志逐高。

（作者：黄春健）

三万丈呼谁，自有奇才拔世；

五千年到我，当开大步登天。

（作者：向艳）

第八节　师生誓词

一、教师誓词

我志愿成为一名光荣的人民教师，忠诚党的教育事业，遵守法律法规，遵循教育规律，履行教书育人职责，秉承"正心、博识、卓能、强体"之校训，努力提升学习力、探究力、开发力、执行力、导学力、协调力、评价力，引领学生健康成长，为璧中学子可持续发展、璧山教育改革、国家强盛、人类进步而努力奋斗！

二、学生誓词

（一）一般性学生誓词

学习是我的天职，成人是我的本分，成才是我的目标。我立志爱国明德，崇尚科学，追求真知，勤奋上进，坚韧自信，完善人格，强健体魄，奉献社会，践行正心、博识、卓能、强体之校训，做一个有理想、有道德、有文化、有纪律、有山玉精神的璧中人。

（二）高考前百日誓词

挑战人生是我们无悔的选择，决战高考是我们不懈的追求，拼搏一百天是我们今天庄严的承诺。砥砺苦练苦考的意志，张扬乐学善思的个性，坚守不骄不躁的心志。一百天我们将唱出青春无悔，一百天我们将笑吟十二年的期待！

（三）成人礼誓词

十八岁，是充满理想与奋斗的季节！十八岁，我们将用热情点燃生命的火焰！今天，在这个神圣的日子里，我们全体同学在国旗下庄严宣誓：以虚心对待知识，以恒心对待学习，以诚心对待他人，以孝心对待父母，以热心对待社会，以忠心对待国家，用自己日渐坚实的臂膀担负起必须承担的责任！

（四）军训誓词

尊重教官，听从指挥；刻苦训练，坚持到底；克服困难，勇往直前！争做训练标兵，为班级争光，为学校添彩！

第九节　学校赋记

一、璧山中学赋

　　金剑耸峙，璧江晶莹。黉宫壮丽，桃李芬芳。清代末世，废科举而更始；璧山中学，乘时势而诞生。举人高凌霄担学监之任，土岗后伺坡燃启明之灯。傍城垣之欹侧，具学府之雏形。一朝就读，三年有成。乃阖邑所瞩目，固众士相倾心。民国肇造，战乱交侵。邦家风雨飘摇，校舍雾霭昏阴。学子彷徨于歧路，良师指引乎迷津。倭寇衅起，神州陆沉。铁蹄蹂躏，区脱纵横。读书不忘救国而同仇敌忾，抗日开展宣传而义愤填膺。前线之战斗惨烈，后方之轰炸频仍。迁移东山顶上悠悠弦诵，潜修云居寺内朗朗书声。著名学者，流离途次；矢忠卫国，纷聚璧城。熊十力、梁漱溟、郭沫若、许德珩、陈礼江、邓子琴。既登杏坛以讲学，复挥椽笔而为文。璧中作社教学院之校址，城乡凝抗战文化之气氛。人生以服务为目的，社会因教育而光明。嘉言振聋发聩，谠论醒世觉民。争跨时代之步伐，竞作革命之先行。李亚群火种撒播，傅汝霖洪湖牺牲；廖寒飞求知延安，傅世玙办学沙坪；黄蜀澄邛崃英烈，张铭新歌乐忠魂。是皆璧中之人杰，洵属吾校之光荣。继而增设高中，致使校貌焕新。孚公众之厚望，享教界之盛名。

　　共和国戎衣大定，新纪元旭日方升。五星红旗翻飞天宇，万国冠盖簇拥北京。璧中获发展之机遇，岁月记演变之历程。辟草莱，夷丘陵，筑楼阁，砌台亭。格局渐趋完整，校区益加延伸。经数代人之筚路蓝缕，逾五十载之月夕霜晨。欣此际决眦根深叶茂，喜今朝荡胸霞蔚云蒸。巍峨之教学楼雄姿屹立，宽广之运动场健儿奔腾。馆厅罗列，堂庑峥嵘，校园和谐，环境温馨。学科设备完善周全，网络教育优越充分。坚强之师资阵容而名师荟萃，优秀之学生品质而名生成群。冰寒于水，青胜于蓝，后浪推而前浪涌；学而不厌，诲人不倦，功愈勤而术愈精。传道授业解惑，赋予施教者之责任；博学端品多能，衡量受教者之准绳。当前跻于重庆示范高中之序位，继续创设中华名校资质之典型。临斯地同类学校应称翘楚，对全县中等教育堪作领军。为每位学生之终身发展奠基而真情奉献，建华夏祖国之富强康乐境域而竭力攀登。璧山中学豪迈奋发，正高歌猛进；全校师生激扬蹈厉，共新启长征。缅怀百年之伟烈丰功，宜感戴于先哲；开拓万代之鸿谟芳猷，须勖勉乎后昆。恭逢校庆，用掬微忱。一言为赋，四韵相吟。

宫墙万仞势凌云，桃李风华百度春。

仰止高山瞻北斗，弘扬大道倚南针。

先忧后乐兴邦计，求索探研励志情。

重振千秋青史笔，群英共奋惠斯文。

（本赋由校友张志一于 2007 年 9 月撰写）

二、新璧山中学赋

渝州古邑，重庆名区。状元故里，美名播扬；翰林乡邦，文脉绵长。清末高凌霄振木铎于后伺，战时陈礼江启民智于黉庠。历百年之沧桑，领八方之风气。桃李芬芳，星汉灿烂。然老校址囿地形而褊狭，大志难展；新学区乘时运而诞生，万民皆欢。一校两点，齐驱并驾。盛哉！新理念催生学校新风尚；伟哉！大变革引领教育大发展。

时维夏秋，岁属甲午。俊彦主导，新校区喜迎首批师生；贤达决策，旧校园乍现簇新景象。美轮美奂兮校园似画，宜教宜学兮杏坛怡情。煌煌乎高楼巨厦，五百方载尤大气；豁豁乎平台阔园，数千学子尽徜徉。一轴贯串，四方相连。青砖黛瓦呈风情，璞石璧玉蕴文采。雕楼翼亭，悉尽冈峦之体势；幽径奇石，独运丘壑之匠心。美池芳草映天光，丽园嘉木掩云彩。繁花争妍，茂林成荫。山水相伴，天人合一。塑胶场上展运动英姿，六艺馆内显艺术魅力。甘露丰沛，诚乃培兰育蕙之苗圃；园丁勤勉，洵为钟灵毓秀之摇篮。

噫！秀美兮清雅校园，盎然兮全新气象。深度合作，携手重庆名校；至诚招揽，延聘九州良师。承正心明德穷识达体之校训，奠一切学生终身发展之基石。汇聚磅礴力量，培育天下英才，创建一流名校。促学生之博学乐学，彰教师之严教善教。仁人应藏修以知行，君子当礼乐而雅儒。岁月峥嵘，后学宜怀壮志展翅高翔；薪火相传，璧中再领风骚扬帆远航。

百年老校璞石化璧，五色生辉；千秋伟业烁火熔金，万代永垂。盛世再现，教育大计启发展；诗文新赋，高歌一曲续华章。

歌曰：绿岛黉宫羡四方，崇楼隆宇泛新光。尤承后伺凌霄志，桃李成蹊正吐芳。

（本赋由本校教师张福洪于 2014 年 12 月撰写）

三、璧山中学枫香湖校区赋

校区始建于公元二〇一八年四月二日，竣工于公元二〇一九年九月一日，建筑面积十二万平方米，占地一百六十余亩，投资四亿五千余万元。气势之恢宏，格调之经典，堪比天下名校，古今名园。

青青茅莱山，古木竞参天。重璧孤峭悬，枫香湖水连。钟灵毓秀地，邑名始得焉。山西北险峻陡峭，地东南平坦蜿蜒。黉宫扑地，横栏直槛；绿树掩映，时隐时现。泮宫巍峨，尽显学府之风范；辟雍开阔，再现睢园之大观。鳞次栉比，美轮美奂；高低迷离，蔚为壮观。教学设施先进，育人功能齐全。彰显艺术教育之特长，尽展科学研究之前瞻。校园清幽典雅，书香盈轩；三五之夜，月照芳甸；焚香品茗，静听鸣蝉；清风徐来，飞瀑声远。书声琅琅，诵古圣先贤之华章；格物致知，感宇宙万物之无限。指点江山，激扬文字，偃仰啸歌，岂不快哉？

琢璞成璧，秀外慧中，办学之理念。自律善教，教师无私奉献；乐学善思，学生自强雄健。一校三区，薪火相传；各具特色，辉煌灿烂。回首来路，百年名校，壮怀难折，穷且弥坚；展望未来，千年璧邑，盛世兴学，复兴梦圆！

（本赋由本校教师巫正鸿于 2019 年 6 月撰写）

四、葺缮璧山中学记

璧江书院，高等小学，几度易名，始为璧山中学。清末肇始，创办学堂，迁校抗战，百年风雨情弥切。后伺坡上，徐家瓦房，数度迁徙伤留别。状元精魂在，文脉千秋传，学子藏修成人杰。时代变迁，高中易址，凤凰山上，华丽转身双飞蝶。

学校要发展，葺缮老校区，迫在眉睫。拆校门，填污池，扩道路，白改黑。百日会战，夜以继日，挥汗如雨，大功告捷。雕栏玉砌，黉宇粉饰，白云绕朱阁。玉阶九台，拾级而上，蜿蜒似凤翥；栏楯白玉，九曲回廊，盘旋似龙舞。五彩操场，塑胶跑道，放飞梦想竞炫酷。恢弘舞台，镭射灯火，青春旋律不停步。青砖黛瓦，粉墙垮饰，名人墙上挂，名言墙上列，润物细无声，涵养如丝雨。明珠散落，洁白晶莹，处处文化石。名言石上刻，箴言石上题，启迪在感悟，熏陶出人杰。教室宽敞，冷暖空调，银屏展示，时空穿越。教坛布圣道，讲信重修穆。榆榴荫黉宫，花媚更馥郁；芭蕉卷余情，梧桐护短竹。且看青乐园，植兰树蕙，桃荣李茂，四季有果蔬；曲池清波，鱼戏莲叶，晨昏闻鸟语。美哉新校园，巴渝之翘楚。

抗日战争风起云涌，国立社会教育学院建校于兹。郭沫若、熊十力、梁漱溟、许德珩、陈礼江、曹禺、徐悲鸿、吕凤子，辗转迁徙，设帐于此；名师荟萃，大家云集。或登坛讲学，抒志士之悲；或挥毫作文，发说论之声。人生以服务为目的，社会因教育而光明；正心明德穷识达体，明理博学立志有为。嘉言流传于世，懿行泽被于今。面对先贤圣哲，能不感慨于心？汇集磅礴力量，培育天下英才，跃马挥鞭上征程，一切为了学生，创建一流名校，万马奔腾任驰骋。德高学广业精，教师追求之境界；健美自强博识，学生发展之结晶。百年创业，文脉不断终兴盛；凤凰涅槃，教坛浴火再新生。承前启后，传薪续火当努力；继往开来，煌煌大业励后昆。赞曰：百年风雨教坛妍，万仞黉宇文脉传。凌霄兴学创伟业，名师云集谱新篇。桃李九州皆芬芳，楠桂四海齐参天。茹吹弦诵振玉铎，凤翥龙骧天地宽。

（本记由本校教师巫正鸿于 2016 年 12 月撰写）

五、璧山中学新校区记

后祠坡上，徐家瓦房，百年璧中尽辉煌；璧江书院，高等小学，弦歌不绝美名扬。时代发展，高中易址，绿岛新区育栋梁。

新校区于公元二〇一〇年十月奠基，二〇一四年十月二十九日落成。占地三百六十亩，建筑二十二万平方米。历时四年之久，耗资六亿之巨。巍峨壮观新学府，精心擘画成壮举。新校区居绿岛中心，揽人民广场。左邻茅莱仙境，右接大学新城。秀湖环绕，道路纵横。

长廊卧波，碧水悠悠，朝晖夕阴北大门；正心大道，九图铺地，辉煌业绩相辉映。汉白玉像，凌霄校长，手持经卷立中庭。

丹桂左掩，荟文楼也，运筹帷幄推新政，决胜千里龙虎腾。清水栈道，蒹葭芦苇，日月双湖秋蝉鸣；坐而论道，夺席谈经，明伦堂里春风迎。图书馆，藏书楼，万卷诗书万里行。

银杏右映，知行楼也。山不高四季风景，路不长蜿蜒曲径。微机室里赛冲浪，互联网上竞驰骋。春花秋月，夏荷冬雪，画室四季花满瓶；鸟鸣啾啾，风雨潇潇，钢琴古筝齐奏鸣。

　　东西交错，南北纵横，轴心坐落六艺馆。学生社团，室内剧场，活动中心笑语欢；朗诵辩论，模拟法庭，精彩纷呈无极限。数不尽风流人物，道不尽梦想联翩，高楼浑圆。

　　六艺馆左，藏修楼也；六艺馆右，潜修楼也。此二楼乃教学楼也。古木参天，金桂飘香；杜鹃花艳，数丛修篁。高堂华屋，冬暖夏凉，班班通英特尔网；绿草茵茵，鸟鸣唧唧，窗明几净灯辉煌。莘莘学子，激情燃烧于书香；翩翩少年，邃密群科于梦想。

　　穿中庭，过回廊，龙腾虎跃运动场；足球场，篮球场，升旗台上云飞扬；体育馆，舞蹈房，奋力拼搏创辉煌。室内球场，上千座位，欢声雷动心飞翔。网球场，乒乓场，游泳池里波心荡。

　　博雅楼，秀雅楼，宿舍设施第一流。知味居，美味鲜，咬得菜根壮志酬。东山之隅，绿树之颠，天象馆内九霄游。

　　新校区美轮美奂，民国范尽态尽妍。五湖四海揽英才，八方名师薪火传。赞曰：状元故里黉宇新，高楼林立草木深。功在千秋留青史，泽被后世励后昆。

　　（本记由本校教师巫正鸿于 2015 年 1 月撰写）

Ⅰ Ⅱ Ⅲ Ⅳ　　执行文化子系统

　　执行文化是基于执行力的团队文化，是一种把战略目标转变为现实结果的行为文化。它以结果为导向，以责任为载体，以督查为手段，以奖惩为动力。执行文化注重执行人的潜力发挥，强调执行机制的高效运转。学校执行文化是实现学校可持续发展的战略目标的关键因素。

　　本章概述了学校章程、学校治理结构和学校发展规划，具体介绍了学校的党政管理、教职工队伍建设、课程体系建设、高效教学体系建设、公民教育体系建设、学校重大活动管理、数字化建设、国际化教育、家校社区联动、后勤服务与安全管理、校本科研建设、发展性评价体系建设诸多方面，其中高效教学体系建设和公民教育体系建设是最富有特色的文化亮点。

　　系统而科学的执行文化能大力推进学校的各项工作，促进各部门的高效运转和全体员工的潜力发挥。执行文化是制度要求与人文关怀的有机结合，保障凡事有章可循、凡事有人负责、凡事有序开展、凡事有显著成效。

第一节　学校章程和学校治理结构简述

一、学校章程简述

学校章程是根据《中华人民共和国教育法》《中华人民共和国教师法》《全面推进依法治校实施纲要》及相关的法律法规、党的教育方针政策、学校现状等，依程序而制定的规范学校办学行为的纲领性文件，是学校不可或缺的自我管理、自我发展的契约性文件。

《重庆市璧山中学校章程》包含了章程名称、办学宗旨、办学理念与学校文化、组织机构和管理体制、教育教学科研管理、学生与教职工、学校与家庭、学校与社会、学校资产及财务管理等内容。本章程以民主治校，以文化润心，既有刚性的制度要求，又有柔性的人文关怀，实行刚性规章制度与柔性人文关怀"双轮驱动"，团结带领全体教职员工在教育创新的大路上不断前行，奋力拼搏。

二、学校治理结构简述

学校严格遵照国家的法律和党务、行政规章，不断地完善和优化学校的治理结构。学校治理结构由党委会、校长办公会、行政会（行政扩大会）、教代会（工会）、学术委员会、督导委员会、学代会、校级家长委员会等构成，具体开会的时间和议定的事项以相关规定和学校的工作要求为准。

三、学校组织脉络图

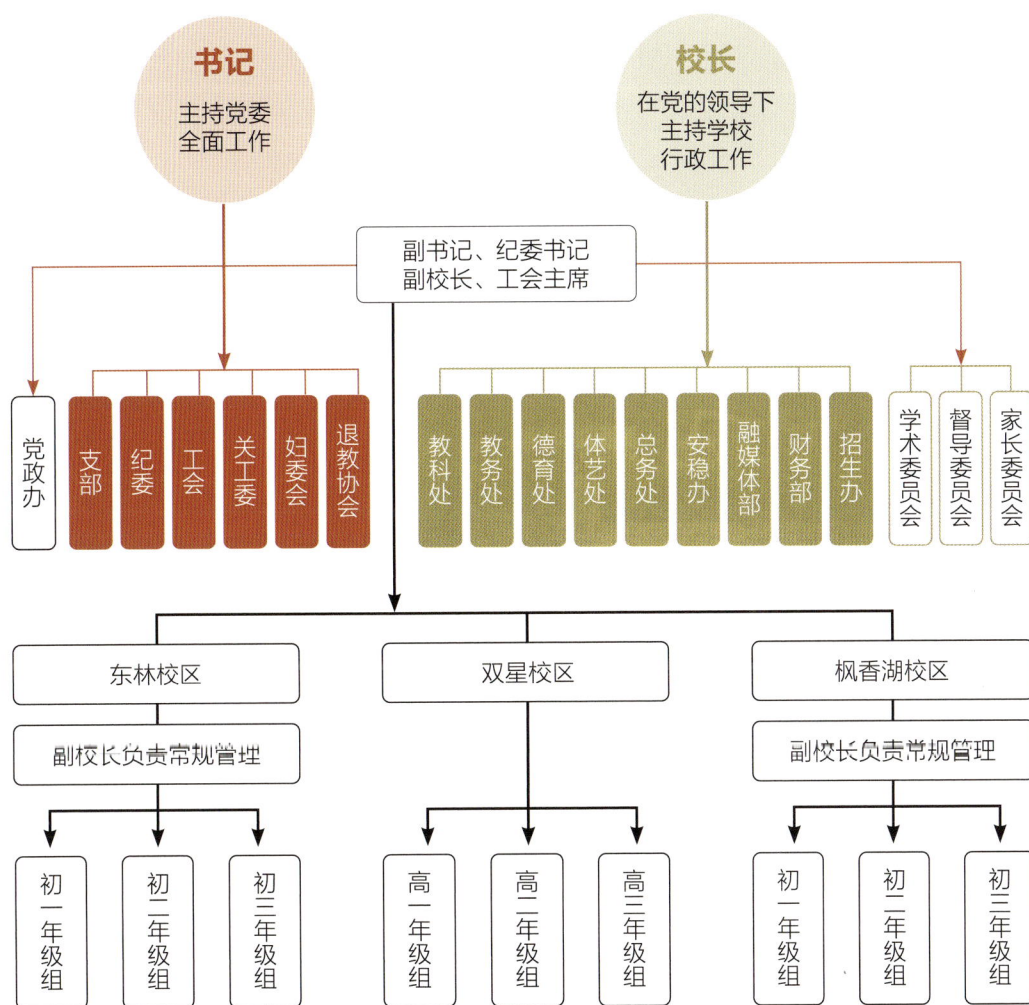

重庆市璧山中学校组织脉络图

Bishan
Secondary
School

第二节　学校发展规划简述

一、学校综合发展规划简述

　　学校紧紧抓住"十四五"规划发展机遇，坚持党的教育方针，努力将璧山中学打造成为具有鲜明璧玉品格、山岳精神的全国名校。学校从文化发展、治理结构、教职工队伍建设、课程体系建设、高效教学体系建设、公民教育和师生社团建设、拔尖创新型人才培养、学校特色发展、学校数字化建设、学校国际化教育、校本科研发展等方面进行专项规划与系统布局，继续立足区域高位优势，弘扬文化传统，突出办学优势，在传承与发展、改革与创新中科学谋划未来学校的发展蓝图。

二、学校各专项发展规划简述

（一）文化发展专项规划简述

　　学校以"璞石化璧、厚学如山"办学核心理念和"璧玉教育"主题为核心，以社会主义核心价值观为导向，全面贯彻党和国家的教育方针，系统构建面向未来的学校文化体系。本体系主要以精神文化、执行文化、形象文化为子体系，以学校网站和微信公众号建设、报刊橱窗管理、周边社区管理、学校规章制度、校园景观、活动场所、校区规划、品牌形象识别系统等为具体内容，全面提升师生的思想修养与道德素质，努力提高学校的办学品位，形成健康文明的育人环境，实现学校内涵式发展。

（二）教职工队伍建设专项规划简述

　　以"建成一支具有学习力、探究力、开发力、执行力、导学力、协调力、评价力，作风优良、结构合理的教师队伍"为目标，坚持"以人为本、和谐共进"的教职工队伍建设理念，全面实施"学校管理人本战略""教师成长名师战略""团队激励暖心战略""员工发展卓越战略"，尊重、理解、关爱、成就教职工，为教职工专业发展搭台建制，提供多样化成长机会，确保教职工队伍建设的科学性和实效性。

（三）课程体系建设专项规划简述

　　从学生多元发展、个性化成长需求出发，以"合璧为学、育能成山"的课程理念为指引，围绕"璧玉之德、江海之知、大成之能、缙云之体"的学生发展核心素养，进行课程体系的设计，构建"璧玉教育"的学校课程体系。

——在 2026 年 7 月底前完成下列工作：

1. 校本课程开发

系统构建语言类、社会科学类、自然科学类、体育与健康类、艺术类和大综合类六大类别的校本课程。

2. 国际课程的引进与改造

引入 ESL 课程、标准化考试课程和 AP 课程等基础性课程，体育类和手工类拓展性课程，STEM 课程等综合性课程；根据实现学生发展核心素养的需要，对上述课程的课程观点、课程结构、课程内容等进行必要的调整。

3. 国家课程的校本化实施

根据实现学生发展核心素养的需要和学校师生具体情况，对国家课程进行必要的结构性调整。

（四）高效教学体系建设专项规划简述

为全面贯彻落实国家 2035 战略发展规划精神，以"因学施导，促学成才"的教学理念为指引，围绕"璧玉之德、江海之知、大成之能、缙云之体"的学生发展核心素养，进行高效教学体系的设计，构建"璧玉教育"的学校高效教学体系。

——在 2026 年 7 月底前完成下列工作：

第一，通过校本科研，系统地研究高效教学体系的相关理论知识。包括高效教学体系的内涵、外延、特征、建设原则等。

第二，在原"535"和谐教学模式的基础上，设计面向未来的高效教学模式的基本式与各大类的变式。

第三，实践、验证上述基本式与变式，修正、完善基本式与变式。

第四，系统地总结高效教学体系建设的经验与成果，选择较高级别的媒体发表或出版。

（五）公民教育体系建设专项规划简述

为全面落实《中小学德育工作指南》，以"养高山之品、蕴璧玉之德"的德育理念为指引，全面助力学生"高尚品德、家国情怀、科学信仰、法治意识、文明习惯、健全人格"的培养和提升。

——到 2026 年 7 月底前完成下列工作：——

第一， 加强公民教育队伍建设。

第二， 开展国家课程与校本课程相结合的公民教育。

第三， 加强公民教育科研。

第四， 发挥智慧校园的公民教育功能。

（六）英才战略专项规划简述

为全面落实教育部推动普通高中多样化特色发展，对标新高考背景下的升学路径，进行拔尖人才培养体系的设计，全面实施英才战略。

——在 2026 年 7 月底前完成下列工作：——

1. 构建从小学、初中到高中一体化培养模式

设置创新实验班，提供个性化发展平台。

2. 完善拔尖人才培养的课程体系

通过联合一流名校，聘请专家名师和激励校内优秀师资等方式，打磨出具有校本特色的拔尖人才培养课程体系。

3. 组建专业化师资团队

通过柔性人才引进的方式，引进市内外金牌教练和强基师资，培训校内优秀骨干教师，实现"自我造血"。

4. 提升拔尖人才综合素养

创办"正心大讲堂"，邀请大家名流做讲座；通过听名曲、赏名画、做实验、参与社会实践等方式，全方位提升学生能力。

（七）学校数字化建设专项规划简述

为全面贯彻教育现代化战略，落实国家《教育信息化 2.0 行动计划》，学校结合区域和自身发展特点，以"融合创新、助推发展"为建设理念，构建教育信息化体系。

——在 2026 年 7 月底前完成下列工作：

第一，学校数字化建设整体目标：通过智慧校园建设，学校信息化水平得到显著提升，信息服务水平得到社会普遍认可，使学校成为面向未来的数字化名校，在全市具有引领示范作用，在全国处于一流水平。

第二，学校数字化建设队伍目标：通过智慧校园建设和运用，实现学校管理全覆盖，全体教师、学生应用全覆盖，使信息化运用水平和师生信息化素养得到大幅提高，培养一批信息技术应用能力突出的教师队伍，使师生综合素质得到全面发展。

第三，学校数字化建设领域目标：加强信息技术和教育深度融合，开发具有学校特色的信息化资源，推动文化体系、制度体系、教职工队伍的专业化体系、课程体系、高效教学体系、德育体系、教育国际化体系、安全工作体系、后勤服务体系、发展性评价体系的全面数字化。

（八）中外人文交流发展专项规划简述

为了培养出具有审辨式思维和全球视野的高层次人才，学校以学生为主体、学科为主线、教师为主导，"东儒西哲、双璧合一"，构建独具特色的国际教育体系。

——在 2026 年 7 月底前完成以下工作：

第一，设立特色课程，深入 ESL 课程、AP 课程的教研，完善学校双轨制学生培养体系。

第二，多方面吸取国际教育先进理念，发挥我校自身优势，打造我校独具特色的教育国际化品牌。

第三，全面实行完备的双课程体系，全力开设 STEM 课程，打造我校的精品国际课程。

> **第四，**根据教学成果，结合我校实际情况，打造国际教育高度融入璧玉教育的育人体系。
>
> **第五，**系统地整合国际教育的建设过程、经验与成果，选择合适的方式进行宣传。

（九）校本科研发展专项规划简述

为全面贯彻落实国家 2035 战略发展规划精神，以"科研兴教、科研兴校"的理念为指导，培养专业技能过硬的研究型教师团队。

> 到 2026 年 7 月底前完成下列工作：
>
> **第一，**成立以校长、书记为组长，教学副校长为副组长，教导处、教科室主任和副主任、年级组长和副组长、教研组长、备课组长为组员的校本科研工作领导小组。
>
> **第二，**组建校本科研团队，根据不同的课题，学校将组建不同的科研团队：校本科研专家组、子课题研究组、微型课题组。
>
> **第三，**提升教师的校本科研理念，建立规章制度，规范校本科研管理，加强对教师进行校本科研的培训。
>
> **第四，**把科研工作融入常规工作的各个环节中，让老师在完成常规工作任务时不知不觉地参与到科研课题的实践中。
>
> **第五，**引领教师专业成长，培养研究型教师。

三、教职工个人 6 年发展规划简述

学校鼓励教师制订规划期不超过 6 年的个人专业化成长规划，建议不同类型的教师各自专业化成长的目标如下：

初职教师以"规范教学、站稳讲台，规划引领、业务提升，业务骨干、初显特色"为个人发展追求，通过不超过 6 年的发展，基本具备学习力、探究力、开发力、执行力、

导学力、协调力、评价力等专业能力。

新锐教师以"学科引领、彰显特色，教研结合、实现转型"为个人发展追求，在不超过 6 年的规划期内成长为学科骨干、学科带头人，实现从"教学型教师"向"科研型教师"的转变，学习力、探究力、开发力、执行力、导学力、协调力、评价力等专业能力得到进一步的提升。

骨干教师经历了前期的锻造、提升和转型，是集理论与实践经验于一身的优秀教师，但学无止境，仍需进一步学习、完善自我，更新教育观念，并将最新的理念运用到实践中去，在最长不超过 6 年的规划期内，使自己具备高水平的学习力、探究力、开发力、执行力、导学力、协调力、评价力等专业能力，成为与时俱进的卓越教师。

第三节　党政管理简述

一、党建工作简述

以"规范精细、融合引领"为党建铭言，以发挥两个作用（党组织的战斗堡垒作用和党员的先锋模范作用）为党建工作目标，依据《中国共产党章程》第五章第三十二条规定的党的基层组织的八项基本任务和中共中央办公厅印发《关于建立中小学校党组织领导的校长负责制的意见（试行）》提出的中小学校党组织的六条职责，坚持"点线面立体党建"总思路，建设"点上发力足、线上联动好、面上铺开实"的党组织，以一流党建促一流业绩。

（一）明确学校党委的主要职责

中共中央办公厅印发的《关于建立中小学校党组织领导的校长负责制的意见（试行）》中指出，中小学校党组织全面领导学校工作，履行把方向、管大局、作决策、抓班子、带队伍、保落实的领导职责。

1.坚持以习近平新时代中国特色社会主义思想为指导，增强"四个意识"、坚定"四个自信"、做到"两个维护"，贯彻党的基本理论、基本路线、基本方略，坚持为党育人、为国育才，确保党的教育方针和党中央决策部署在中小学校得到切实贯彻落实。

2.坚持把政治标准和政治要求贯穿办学治校、教书育人全过程各方面，坚持社会主义办学方向，落实立德树人根本任务，团结带领全校教职工推动学校改革发展，培养德智体美劳全面发展的社会主义建设者和接班人。

3.讨论决定事关学校改革发展稳定及教育教学、行政管理中的"三重一大"事项和学校章程等基本管理制度，支持和保证校长依法依规行使职权。

4.坚持党管干部原则，按照有关规定和干部管理权限，负责干部的教育、培训、选拔、考核和监督。讨论决定学校内部组织机构的设置及其负责人的人选，协助上级党组织做好学校领导人员的教育管理监督等工作。

5.坚持党管人才原则，按照有关规定做好教师等人才的培养、招聘、使用、管理、服务和职称评审、奖惩等相关工作。

6.开展社会主义核心价值观教育，抓好学生德育工作，做好教职工思想政治工作和学校意识形态工作，加强师德师风建设和学校精神文明建设，推动形成良好校风教风学风。

7. 加强学校各级党组织建设和党员队伍建设工作，严格执行"三会一课"等党的组织生活制度，发挥基层党组织战斗堡垒作用和党员先锋模范作用。

8. 坚持全面从严治党，领导学校党的纪律检查工作，落实党风廉政建设主体责任。

9. 领导工会、共青团、妇女组织、少先队等群团组织和教职工大会（教职工代表大会），强化党建带团建、队建，加强学生会和学生社团管理，做好统一战线工作。

10. 讨论决定学校其他重要事项。

（二）坚持"点线面"结合，做好党建工作

1. 点："点"上发力，强基固本

（1）做好"四个一"基础保障工作

配齐党务工作队伍。健全党委机构，按规范设立对应支部，明确党委委员、支委委员职责，配齐党小组长、专兼职党务工作者，确保各项党务工作落到实处。

完善党建管理制度。建立健全三会一课制度、党风廉政建设制度、领导干部学习制度、党内监督制度、主题党日制度、谈心谈话制度、党费收缴制度、信访工作制度、民主评议党员和领导干部制度等，使各项工作有章可循。

建好党员活动阵地。办好党建知识宣传栏、党务公开栏，将宣传栏作为固定的宣传教育和信息公开的阵地，让师生员工随时都能看到党组织活动动态；建设好"党员之家"（或活动室），使之成为党员的学习场、活动场；建设好"党建长廊"，结合学校文化和学生年段特点，使之成为展示学校特色的窗口。

管好信息网络平台。管好用好"学习强国""重庆党员教育融媒体平台"及"12371党建信息平台"等信息网络平台。

（2）强化党员身份意识的"五个一"活动

常年开展照一张党员全家福、过一次集体政治生日、重温一次入党誓词、讲一次入党故事、参加一次志愿服务活动的"五个一"活动，提醒广大党员不忘初心、牢记使命，强化党员身份意识，号召党员到组织最需要、最重要、最艰苦的岗位上勇挑重担。

（3）落实"三会一课"制度

"三会一课"（党员大会、支部委员会、党小组会、党课）是党组织活动的基本形式，是健全党的组织生活、严格党员管理、加强党员教育、提高党员素质、增强基层党组织战斗力的重要制度。结合主题党日活动，坚持每月一次党委会（支委会）、每月一至二次党小组会、每季度一次党员大会、每年一次民主生活会、每期 1~2 次党课、每年一次社会实践考察活动等。

（4）开展学习引领活动

利用好"学习强国""重庆党员教育融媒体"平台，有序开展"线上＋线下"学习活动。深化"两学一做""不忘初心、牢记使命"主题教育活动。坚持组织党员同志系统学习党的理论，包含从党史、党章、党规等马克思主义、毛泽东思想、邓小平中国特色社会主义理论、"三个代表"重要思想、科学发展观和习近平新时代中国特色社会主义思想，提高党员同志的理论素养和政治觉悟。

（5）规范党员志愿服务

结合城市基层党建工作要求，组织党员到社区和居住小区报到，亮明党员身份，积极参与"党建引领、小区治理"工作，自觉接受社区和居住小区党组织的管理监督，对照项目清单，认领服务项目和岗位，做好志愿服务。

（6）规范发展党员

坚持对师生进行共产主义理想信念教育，利用教职工大会、校会、班会、团课及广播、板报、专栏等阵地对师生进行党的知识教育，宣传党的基本路线、基本纲领，进行理想、信念教育，努力将教学一线优秀教师吸收到党的队伍中来。

（7）开展党员民主评议

按照个人自评、党员互评、民主测评的程序，对党员进行评议。对评为优秀的党员予以表扬，对评为合格的党员肯定优点、提出希望和要求，对评为基本合格的党员指出差距、帮助改进，对评为不合格的党员，立足教育帮助，促进转化提高，按照相关规定作出相应组织处置。

（8）抓好廉政反腐工作

协调好党委党风廉政主体责任和纪委党风廉政监督责任。坚持党风廉政建设责任制，坚持"一岗双责"，定期召开专题会议，研究、部署党风廉政建设责任制工作，做到与党务、政务工作一起早研究、早部署。支持纪委按要求开展纪检监察工作。将党风廉政建设和廉政文化进校园活动、党纪党性党风教育月活动结合起来，促使全校师生进一步树立廉洁自律的意识。

（9）抓细常规工作

抓实主题党日、组织生活、谈心谈话、党费收缴、党统工作等党建常规工作，做好文字、图片、电子档案等资料的统一收集、整理、归档、保存工作等。

2. 线："线"上联动，凝心聚力

坚持党群工作一体化，形成"统一线"，完善"党建带群建""党建带团建""党建带妇建"管理体系，将群团工作与党的中心工作、主题活动有效融合。学校、家庭、社区一体化，形成"合力线"，大力推进学校党建与城市基层党建的相融共生，形成教育合力。支持退教分会开展好退休教师的学习活动、文体活动等，关心退休教师的身心健康。支持"一校三区，板块统筹，校区自主"管理策略的实施，推进学校管理向科学化、精细化方向发展。支持学术委员会、督导委员会、家长委员会有序开展工作，整合各方力量，促进学校科学发展。持续开展创先争优"先锋工程"评选活动，鼓励全校教职员工（特别是党员教职工）争当"五个先锋"（学习先锋、科研先锋、教学先锋、德育先锋、服务先锋）。

3. 面："面"上铺开，融合引领

坚持"党建＋课程改革"，铺开党的政治优势覆盖面；"党建＋德育工作"，铺开党的理论优势覆盖面；"党建＋队伍建设"，铺开党的组织优势覆盖面；"党建＋结对帮扶"，铺开党的群众路线优势覆盖面，将党建工作融入学校各项改革发展中，推动教育教学站上新台阶。

（1）党建＋课程改革

坚持党政协同，将课程改革作为"一号工程"来抓。坚持书记、校长作为"第一责任人"亲自抓。坚持建立"一支先锋队伍"带头抓。将党员骨干教师作为"先锋队""主力军"，持续开展党员教师上示范课、承担市区课改项目、"青蓝结对"等推进课程改革。构建"璧玉教育"课程体系。做好重庆市或璧山区立项的课改项目的研究，利用"1+10"项目带动全区其他初中学校参与改革。

（2）党建＋德育

坚定政治方向，充分发挥思想政治课的育人功能，积极参与制定全员、全程、全科育德的考核评价制度，建立学校、家庭、社会齐抓共管的德育队伍，通过环境育人、活动育人、实践育人、课程育人、管理育人等多角度开展德育，落实立德树人根本任务。积极推动德育科研，打造心理健康教育、"十美德"教育和生涯规划指导等德育品牌。

（3）党建＋队伍建设

加强领导干部队伍建设。坚持中心组学习制度、三级周工作例会制、个人谈话制度、民主生活会制度、教职工评议班子成员制度等，加强对干部的教育和管理，维护干部队伍的团结和统一，纯洁干部队伍，提升干部素质。认真参加党支部书记培训、党课比赛，促进干部思想素质和党建业务水平同步提升。

正风肃纪，规范从教行为，强化师德师风。建立健全"奖勤罚懒、奖优罚劣"的考核评价机制和"能进能出、能上能下"的用人机制，完善管理制度，规范从教行为，强化师德师风。

坚持定期组织教职工学习制度。开展正反典型教育活动，集中宣传报道党员先进典型，同时以反面教材为鉴，开展"以案四说"警示教育。

坚持走出去与请进来相结合、理论学习与实践指导相结合，分层分类优化师资培训，提升教师业务能力。

（4）党建＋结对帮扶

做好各类帮扶工作，常态化开展在职党员教师结对指导大岚社区学生、结对帮扶"七类生"等工作；助力八塘镇22户帮扶对象实施乡村振兴。通过细化帮扶举措，压实帮扶责任，切实做到在精准施策上出实招、在精准推进上下实功、在精准落地上见成效。

（5）党建＋意识形态工作

以在编教师、在校学生和临聘员工三个群体为工作对象，坚持不懈抓好六项工作，即理论学习、制度建设、舆情引导、阵地管理、网络管理、氛围营造等，让师生充满正气、朝气和锐气，使学校成为学生健康成长的沃土。

二、"行政"管理简述

创新工作思路，优化管理机制，以"立足大局、示范引领、弘扬正气、执行有力、分层履责、逐层问责、调查研究、服务一线"为管理原则，以服务师生和教书育人为工作中心，构建高效、激励的管理机制，探索人本化与制度化相结合的管理模式，建设融合共生的高品质学校。

（一）管理原则

事业励人与管理育人相结合的原则；整体提升与重点发展相结合的原则；

制度理事与人文引领相结合的原则；全校统筹与校区自主相结合的原则；

不断创新与相对稳定相结合的原则。

（二）行为准则和职业精神

1. 领导行为准则

坚持听从指挥和服从安排；坚持与时俱进和开拓创新；

坚持以身作则和廉洁自律；坚持深入一线和精准服务；

坚持以德服人和以诚待人；坚持顾全大局和团结协作；

坚持乐观向上和积极进取；坚持审辩传承和开拓创新。

2. 教师职业精神

校兴我荣的爱校精神；不计得失的奉献精神；

恪尽职守的敬业精神；爱生如子的园丁精神；

携手共进的合作精神；永不言输的拼搏精神；

永无止境的进取精神；敢于负责的担当精神。

3. 学生行为准则

热爱祖国，热爱人民，热爱劳动；遵守纪律，遵守秩序，遵守公德；

关心集体，团结同学，维护荣誉；刻苦学习，勤于思考，勇于探索；

孝敬父母，尊敬师长，礼貌待人；诚实守信，明辨是非，知错能改；

保护环境，珍惜资源，爱护公物；自尊自爱，勇于担当，志向远大。

（三）基本管理方法

1. 立足于五大管理策略

（1）坚持思想引领，让教工团队站位高、胸怀广、顾大局、识大体。

（2）坚持学习提高，管理理论和管理经验两手抓，联盟名校打造案例，做到内化
致用、引领跨越。

（3）坚持传承创新，以传承文脉为根基，在新时代语境下创新学校办学定位、办
学结构、管人管事机制、考核评价制度、具体工作思路等。

（4）坚持求是发展，遵循教育规律，深研学校现有优势和制约条件，扬长避短、

取长补短。

（5）坚持精细管理，让复杂问题简单化、简单事情流程化、流程事情定量化、定量事情信息化，使管理大而有序、忙而不乱、各方满意，多角度全方位再现璧中优质形象。

2. 构建起六大核心体系

（1）全面构建管理体系

管理理念上，坚持立足大局、示范引领、弘扬正气、执行有力、分层履责、逐层问责、调查研究、服务一线的基本准则；管理架构上，构建党政决策、分块统筹、一岗四责、常规自主的集团化学校管理思路；运行机制上，探索集学校教育教学相对独立、其他工作统一管理，关键事项板块统筹、常规工作校区自主，年级点上自主落实、处室线上督导评估、分管面上统筹协调于一体的运行机制；内控机制上，制定相关办法，规范财务管理，严格报账流程，严控采购事项；团队要求上，做到不分亲疏、不搞圈子、不分彼此、相互补位、恪尽职守、传承创新、融合共生、重塑形象；领导分工上，定期调整校级领导分工，确保采购、固定资产、基建维修、财务分块独立运行，明晰权责清单，严把人事关、财务关、工程关、采购关，切实加强权力运行过程的制约和监督。现璧中上下心平、气顺、人和。

（2）全面构建德育体系

秉持"养高山之品，蕴璧玉之德"的育人理念，践行"育人为本、德育为先，全员育人、全程育人、全方位育人"之德育理念，以"三中心一学校"（德育研究中心、生涯发展指导中心、心理健康辅导中心、家长学校）为平台，打造以"十美德"教育、生涯规划指导、心理导向、生存能力培养、"十礼"教育为主要内容的校本德育课程体系，开展科技节、文化节、艺术节、社团节、心育节、家校节、体育节等七大品牌活动节为主体的德育活动，实施学生综合素质评价、班级及班主任考核评价、班级学生操行考核评价、学生满意度测评等评价体系，培养具有高尚品德、家国情怀、科学信仰、法治意识、文明习惯、健全人格的璧中学子。

（3）全面构建文化体系

立足于璧山区情、学校校情，着眼于璧中团队的价值观、璧山中学的历史底蕴、办学现状和时代要求，带领团队集思广益，鼓励教职工建言献策，对璧山中学的文化体系进行全面地总结与提炼，构建起精神文化、执行文化和形象文化体系，引导全体师生对学校文化之根、发展之魂真正内化于心、外化于形、认同于世、可圈可点。

（4）全面构建课程体系

集聚专家资源，从办学核心理念、学校教育主题、课程理念、学生培养目标、学生发展核心素养、课程结构、课程实施、课程保障等维度全面构建起璧山中学的"璧玉教育"课程体系，真正解决了璧山中学培养什么人、怎样培养人、为谁培养人和用什么去培养人的核心问题。

（5）全面构建质量体系

教育是过程的艺术，教学质量是学校发展的生命线。为了确保质量管理体系保持长久的活力与生机，学校将目标管理与过程管理相结合，从质量文化、教学工作、教学管理、教学评价、课堂要求、师生关系、质量定位、质量评价、保障体系等多角度悟透做实，在教学实践中反思，在动态发展中跃升。

（6）全面构建科研体系

全面引领团队学习、借鉴，创新教研科研工作，围绕下述七类问题开展研究：一是研究学生个体差异、已有经验、学习需求、思维路径；二是研究教师需求、风格特质、潜力挖掘；三是研究为什么教、怎样教、学法指导、教法思考；四是研究课程原理和课程体系建设，怎样从课堂教学走向课程育人，如何创造更加适合学生发展的课程，如何厘清课程的多样性与学生多元发展的关系，如何让课程体系对标培养目标；五是研究教改热点，教改怎样改、我们如何做；六是研究高效课堂，让学生自主学习、合作探究、乐学会学、学会运用；七是研究科研创新，如何激发整体学术氛围，如何通过教研科研创新解决工作中的盲点、难点、痛点。

第四节 教职工队伍建设简述

一、概述

百年大计教育为本，教育大计教师为本。璧山中学要想实现建成具有鲜明的璧玉品格、山岳精神的中华名庠的发展目标，必须建设一支高质量的教师队伍。为此，学校坚持"以人为本、和谐共进"的教职工队伍建设理念，全面实施"学校管理人本战略""教师成长名师战略""团队激励暖心战略""员工发展卓越战略"，从教师的"三观"（世界观、人生观、价值观）、师德师风、专业知识、核心能力、身体素质等方面进行教职工队伍建设，以期建成一支具有学习力、探究力、开发力、执行力、导学力、协调力、评价力，且作风优良、结构合理的教师队伍。

二、教职工队伍建设的原则

（一）坚持师德师风建设与核心能力提升兼顾的原则

学习力、探究力、开发力、执行力、导学力、协调力、评价力是新时代卓越教师的七大核心能力。想要出名牌教师，建一流的教师队伍，必须提升教师的七大核心能力。但师德师风建设也同样重要，它关乎党的教育事业的发展，关乎教书育人这一教育根本任务的落实，更关系到教育在人民心中的形象。育人者必先育己，身不修则德不立。师德师风不正势必会损害教师队伍的形象和声誉，给教育事业带来不良影响。因此，教职工队伍建设必须坚持师德师风建设与核心能力提升兼顾的原则，促进教师队伍的全方位提升。

（二）坚持刚性制度与柔性关怀相结合的原则

建立健全规章制度，用刚性的制度管工作，也用柔性的关怀暖人心。坚持这一原则既可保证整个建设工作的规范化，又可使教师有章可循；既可保持不因组织、领导的更换而影响它的连续性，又有利于形成建设工作的良性循环和正常秩序；既可促使教师管理的科学化，又可为教师提供公平、宽松、和谐的工作环境。

（三）坚持激励为主、诫勉为辅的原则

所谓激励，就是以满足教职工精神、物质等方面的需求，或给予其实现愿望期许

的方式，调动教职工的主动性、积极性、创造性。激发教职工内在的激情，使其积极投入工作。所谓诫勉，就是对教职工违背学校目标的行为进行惩戒或警示，使这种行为不再发生。诫勉的主要作用在于守住底线，使教职工遵法守纪。诫勉的局限性在于容易引发对抗心理、恐惧心理、消极心理，从而导致对立情绪，怠工懒工。因此在教职工队伍建设中，应该坚持激励为主、诫勉为辅的原则。只有这样才能将教职工队伍建设成为一支朝气蓬勃、团结奋进的队伍。

三、教职工队伍建设的内容

（一）教师的道德情操

立德树人是教育的根本任务。在学校教育中，教师除教授给学生书本知识之外，还承担着引导学生树立正确的世界观、人生观、价值观，形成良好的性格、发扬良好的品德的育人职责。立德先立师，树人先树己。因此，教师首先要树立正确的世界观、人生观、价值观和良好的师德师风，学校也应把引导教职工树立正确的世界观、人生观、价值观和良好的师德师风作为教职工队伍建设的重中之重。

（二）教师的专业知识

教师的专业知识包括本体性知识、条件性知识、实践性知识、操作性知识。本体性知识是指教师所具有的特定的学科知识；条件性知识是指教育学、心理学、教法等相关的知识；实践性知识是指教师所具有的课堂情景知识以及与之相关的知识，包括教师的教育信念、教师的人际知识、教师的情景知识等；操作性知识是指教师在实际教学中所具备的操作课堂的知识。教师专业知识的掌握情况与教师个人的教学能力与水平密切相关，学校应助推教师加强专业知识的学习，夯实基础，促进教师的专业化成长。

（三）教师的核心能力

根据教育部 2018 年 10 月印发的《关于实施卓越教师培养计划 2.0 的意见》，结合学校实际、时代趋势、教师发展等方面的因素，提出了卓越教师应有的七大核心能力（学习力、探究力、开发力、执行力、导学力、协调力、评价力），并以此作为教师专业发展目标和教职工队伍建设的重要内容，以促进教师的卓越发展。

（四）教师的身体素质

身体素质一般是指人体在活动中所表现出来的力量、速度、耐力、灵敏、柔韧等机能，是一个人体质强弱的外在表现。教师的身体素质状况，对教师的生命活动和工作能力等有重大影响。教师特定的生活环境和工作特点，要求教师的身体素质要全面发展，其中最关键的是要有较强的耐受力、敏捷的反应力、充沛的精力、洪亮的声音以及较强的视听力等。为让教师更好地开展教育工作，教师的身体素质不应忽视，它是学校教职工队伍建设内容的重要组成部分。

四、教职工队伍建设的策略

（一）立德修德，正风铸魂

认真执行《中小学教师职业道德规范》，通过制订师德师风学习进修计划，开展师德报告、师德进课堂、师德论坛、师德演讲、师德征文比赛等形式多样的活动，引导教师弘扬社会主义核心价值观和中华传统美德，进一步从中华优秀传统文化中汲取丰富营养，不断在立德、修德上下功夫，坚持教书和育人相统一、言传和身教相统一、潜心问道和关注社会相统一、学术自由和学术规范相统一，努力成为先进思想文化的传播者、中国共产党执政的坚定支持者、民族精神的传承者。与此同时，学校以"三气七心"（正气、朝气、锐气，忠心、爱心、耐心、恒心、责任心、协作心、包容心）为准绳，建立健全师德师风评价机制，实施师德师风量化考核，每年评选出服务先锋、育人先锋等六类共计 100 余名先锋教师，充分发挥榜样的带动作用，进一步促进全校教师发扬优良师风，弘扬崇高师德。

（二）搭台建制，科学管理

学校建立和完善了 100 多项规章制度，积极为教职工搭建工作平台，使其各尽其能，各尽其才，努力营造好"用"的环境，让想干事、能干事、干成事的教师受激励和重用；改进唯学历、唯职称、唯论文等评价方式，建立健全科学合理、各有侧重的人才评价机制，让有真才实学、有突出贡献的优秀人才实现"名利双收"；积极探索适合教职工的绩效考核方案，按照"探索试点、渐进改革"思路，完善绩效考核办法，构建起"奖勤罚懒、奖优罚劣、权责挂钩、优绩优酬"的考核评价机制，为教职工的工作指引方向，激发教职工的工作热情。

（三）人文关怀，温暖人心

重视全校教职工的正当诉求，听取教职工的合理建议，尊重、理解、关爱、成就教职工，为教职工营造良好的工作与学习环境，营造舒适的心理环境，构建温馨的治理环境，让教职工有安全感、成就感、幸福感、归属感，从而增强教职工队伍的凝聚力和战斗力，形成上下同心、团队至上、公开透明、相互信任的良好局面。如对新入职的教师提供两年免费住宿，缓解教师的住房压力；倾力打造教职工之家，为教职工提供温馨舒适的休闲场所；进行生日和节假日慰问；定期召开座谈会，了解教职工的思想动态、工作情况及困难，肯定他们的工作成绩，指出存在的不足，帮助他们解决工作、生活中的难题，提高他们解决各种问题的能力。

（四）创新方式，外引内培

学校坚持"引进来"和"走出去"相结合的原则，扎实开展师资培训工作，推动教师将先进的教学理念、方法内化于心，外化于行，使初职教师、新锐教师、骨干教师的七大核心能力（学习力、探究力、开发力、执行力、导学力、协调力、评价力）得到不同程度的提升。与重庆市第一中学校联盟办学，互派教师、资源共享；与四川师范大学附属中学签署合作协议，建构教师队伍培养合作机制，携手打造优质教育品牌；与上海海外教育专修学校、上海方略集团等深度合作，派教师赴全国知名学校跟岗学习；邀请全国知名教育专家魏书生、李镇西、韩军等入校指导，更新教师教学理念和方法；整合校内外优质教研、教学资源，开展集体备课、学科教研周、专题讲座、说课赛课、青蓝结对等形式多样的校本教研活动；承办各级各类教研活动，为教师搭建与全市甚至全国优秀教师、教育专家交流学习的平台等。

（五）多措并举，强健体魄

教师良好的身体素质是教师思想政治、道德、科学文化、能力、心理等各种素质的物质基础，良好的身体素质是其他素质得以提高的前提。为此，学校多措并举以强健教师体魄。开设教职工食堂，注重膳食营养，定制科学菜谱，从饮食上为教职工身体素质提供保障，让教职工吃得安心、放心、舒心；常态化组织开展教职工运动会、篮球比赛、公园徒步走、户外登山等活动，使教职工在活动中不仅锻炼了身体，还丰富了文化生活。

五、教职工队伍建设的评价

学校主要从以下几个方面对教职工队伍建设情况进行评价：

（一）师德师风

师德师风的考核主要包括依法执教、爱岗敬业、热爱学生、严谨治学、团结协作、尊重家长及廉洁从教等方面。可采用教师自评、教师互评、学生评教师、家长评教师、学校评教师的方式来评价学校师德师风的建设情况。

（二）业务水平

业务精湛的教师离不开专业知识的大量储备和七大核心能力的充分发展。由此可见，教师的教育水平是评价教师队伍建设情况的又一重要板块。通过教师的赛课成绩、教学质量等评价教师的教学能力；通过教师的班级管理情况，班级文化、制度的建设情况，选修课的开设情况，社团的组织情况等评价教师的开发力；通过学生满意度、教师满意度的调查评价教师的协调力；通过教师课题申报和推进的情况评价教师的探究力等。当然，在评价时不能"一刀切"，要结合教师和学校的实际情况，对初职教师、新锐教师、骨干教师、卓越教师采取不同的评价标准，初职教师初步具备七大核心能力，新锐和骨干教师具备七大核心能力，卓越教师高水平具备七大核心能力。

（三）幸福指数

幸福指数高的教师，必有健康的身体，宽松、舒心的工作环境，乐观恬淡的良好心态。这些条件的达成，离不开学校的科学管理和暖心关怀，离不开教师个人正确的世界观、人生观、价值观，离不开教师对个人未来发展目标的明确与坚定。因此，教职工幸福指数的高低，是衡量学校教职工队伍建设情况的重要内容之一。

第五节 学校课程体系建设简述

一、概述

我校基于"璞石化璧、厚学如山"的办学核心理念和"璧玉教育"的学校教育主题，以"培养具有璧玉之德、江海之知、大成之能、缙云之体的地球村卓越公民"为学生培养目标，建设"璧玉教育"课程体系。

二、学校课程体系建设的基本原则

（一）继承与创新相结合的原则

课程体系的建设既要传承中华民族文化、满足当下需求、适应现代社会的发展，还要应对未来挑战。我们首先应当传承好人类已有的各个学科的基础知识。但是，人类越向未来发展，其知识的寿命周期越短，更新换代的速率越快。如今新兴科学、高新技术、人工智能的发展日新月异。课程设计要把现实适应性和超越性结合起来，重视培养学生适应社会变化、适应未来的能力。

（二）与巴渝文化、中华文化、人类文化相融合的原则

我国正在大力推进"一带一路"建设、人类命运共同体建设，大力推进全球多元化。为了配合上述建设，为上述建设源源不断地提供人才支撑，就要大力推进巴渝文化、中华文化、人类文化相融合。在课程体系建设过程中，把巴渝文化、中华文化及人类文化的精华相融合，注重其在课程体系中的正向价值的体现。一个民族的文化和教育要有所发展，就必须在文化的普遍性和特殊性中寻求平衡，形成课程体系的义化自觉与文化自信。

（三）促进学生和教师共同发展的原则

课程体系的设计应兼顾教师与学生的共同发展，且一般情况下教师的发展要先于学生的发展。充分思考不同课程之间、同一课程不同模块之间、同一模块不同内容之间的整合问题，注重发展教师课程研究、课程开发、课程实施、课程评价等能力，同时注重课程在发展学生的知识、提升学生的能力、优化学生的价值观等方面的作用。

（四）国家课程、国际课程和校本课程相协调的原则

严格执行国家课程计划。在继续重视语文、数学、外语、物理、化学、生物学、历史、地理的前提下，也要重视道德与法治、音乐、体育、美术及综合实践课程等，采取多种措施保障这些学科的平衡和协调，扎扎实实地落实上述各个学科的教学任务，促进

学生全面而有个性的发展。积极引进优质国际课程，改造部分国际课程，成为校本课程的一个组成部分。充分利用各种资源，结合地方特色、学校特色，考虑根据学生的成长历程和个性化发展需求来开发校本课程。统筹研究、开发上述三类课程，为学生发展提供个性化、多样化的学校课程，满足学生多元发展、卓越发展、未来发展的需求。

三、课程类别结构

以开发者的身份作为分类标准，把课程分为国家课程、境外课程、地方课程、校

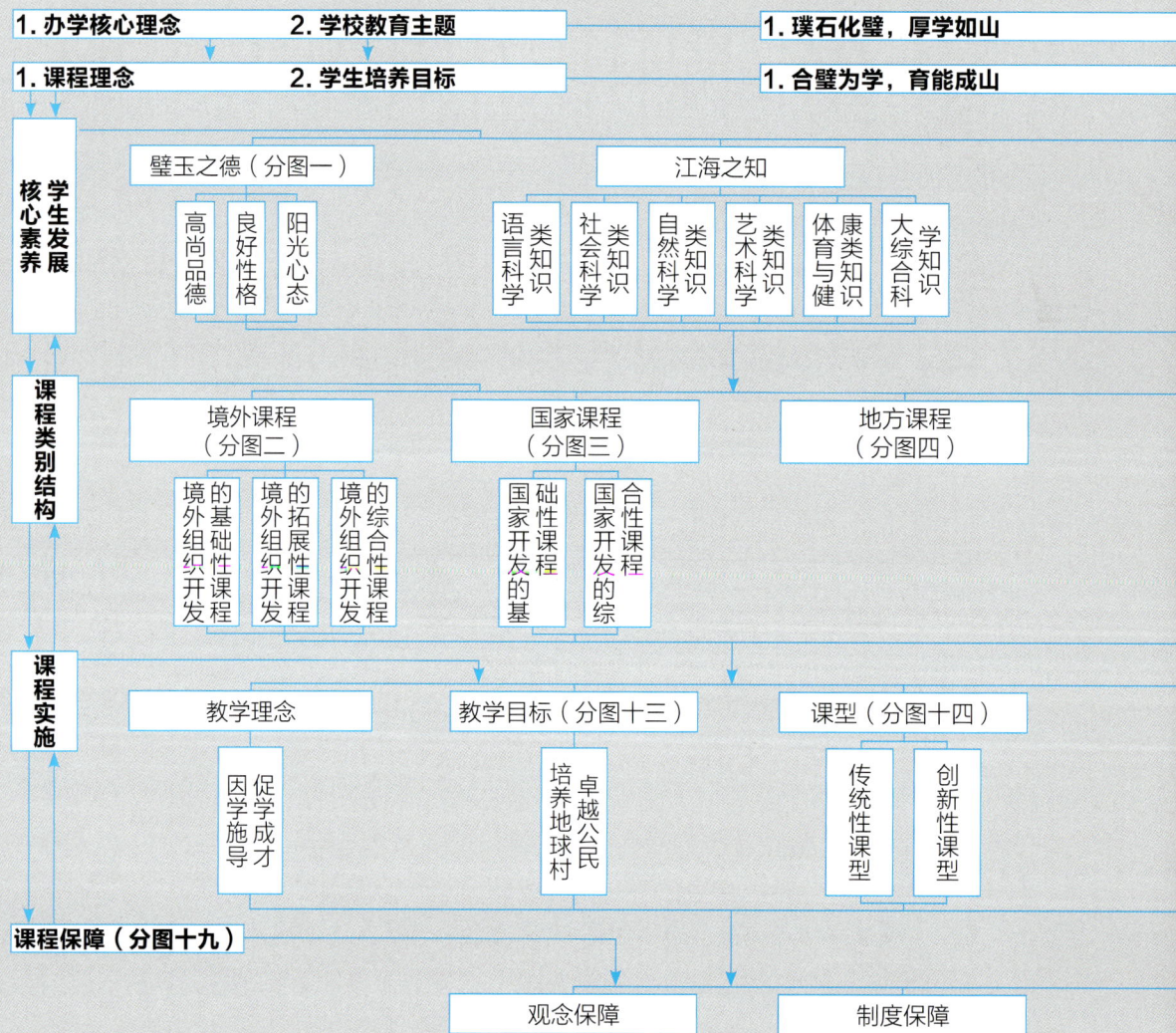

璧山中学"璧玉教育"课程体系基本框架图

本课程、班本课程、学生自编课程六大类。

以课程功能作为分类标准，把课程分为基础性课程、拓展性课程和综合性课程三大类。

无论采用哪一种分类标准对学校课程进行分类，最后都应放置一个环境性课程小类。环境性课程包括学校环境性课程、家庭环境性课程、社区环境性课程、网络环境性课程等。

上述各类别的课程相互作用，形成"多位一体"的课程体系，满足每一位学生在教师指导下进行选择性学习的需要。

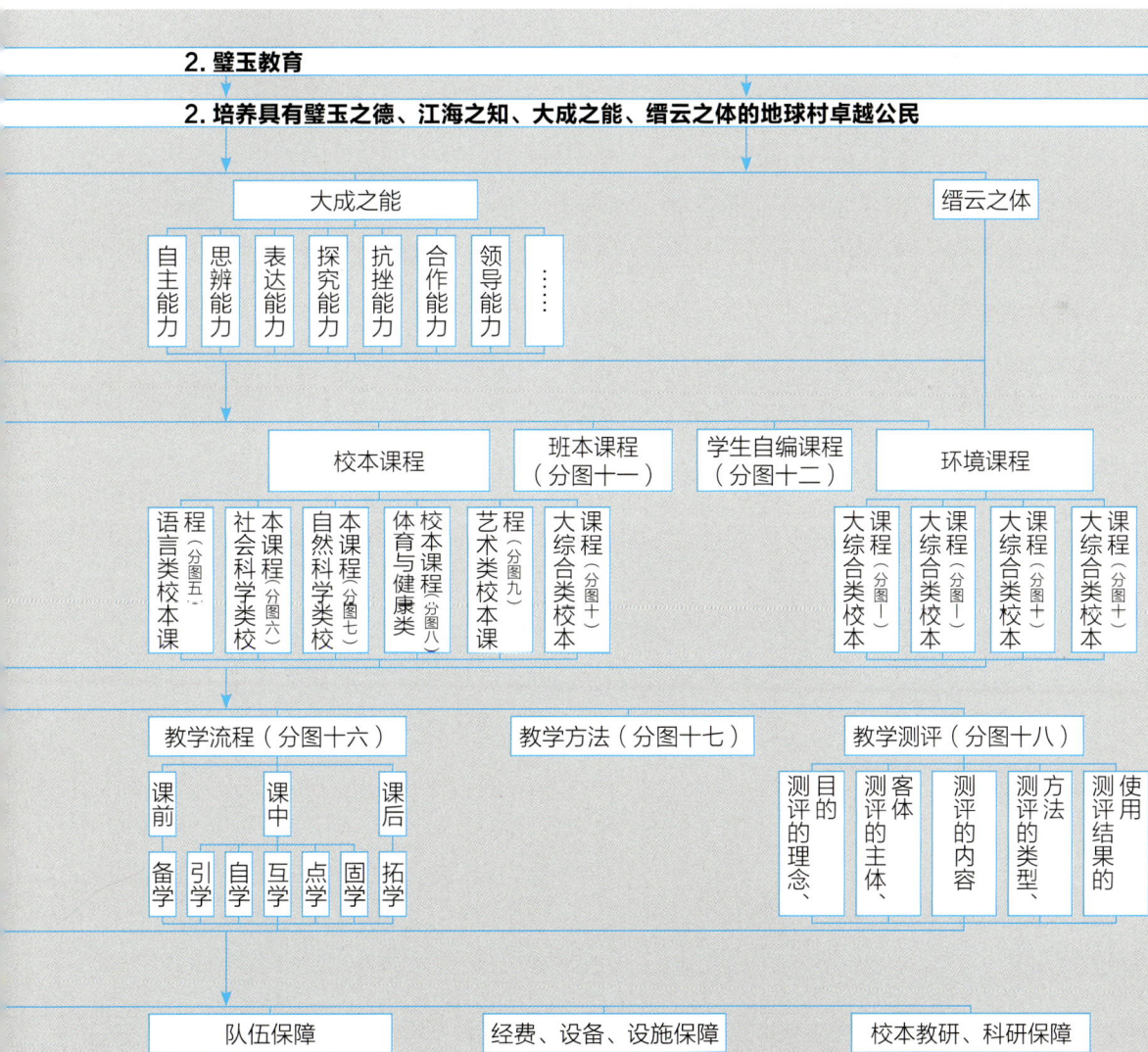

2. 璧玉教育

2. 培养具有璧玉之德、江海之知、大成之能、缙云之体的地球村卓越公民

大成之能　　　　　　　　　　　　缙云之体

自主能力　思辨能力　表达能力　探究能力　抗挫能力　合作能力　领导能力　……

校本课程　　班本课程（分图十一）　学生自编课程（分图十二）　环境课程

语言类校本课程（分图五）　社会科学类校本课程（分图六）　自然科学类校本课程（分图七）　体育与健康类校本课程（分图八）　艺术类校本课程（分图九）　大综合类校本课程（分图十）　大综合类校本课程（分图一）　大综合类校本课程（分图一）　大综合类校本课程（分图十）　大综合类校本课程（分图十）

教学流程（分图十六）　　教学方法（分图十七）　　教学测评（分图十八）

课前　课中　课后　　　测评的目的、理念、　测评的主体、客体、　测评的内容、　测评的方法、类型、　使用测评结果的

备学　引学　自学　互学　点学　固学　拓学

队伍保障　　　经费、设备、设施保障　　　校本教研、科研保障

（一）国家课程

国家课程分为国家开发的学科性课程和综合性课程。学科性课程包括语文、外语、数学、物理、化学、生物学、历史、地理、音乐、美术、信息技术、通用技术；综合性课程包括道德与法治、思想政治、体育与健康、综合实践活动。

（二）境外课程

1. 境外课程的类别

境外课程包括境外组织开发的基础性课程、拓展性课程和综合性课程。其中，基础性课程包括 ESL 课程、标化考试课程（如雅思考试）和 AP 课程；拓展性课程包含体育类课程和手工类课程等；综合性课程有 STEAM 课程。STEAM 教育就是集科学、技术、工程、艺术、数学多学科融合的综合教育课程。然而，STEAM 课程并不是科学、技术、工程、艺术和数学教育的简单叠加，而是基于面向未来的要求把五门学科中的部分内容组合形成一个新的有机整体，以更好地培养学生的创新精神与实践能力。

2. AP 课程的引进与改造

在大力推进 "一带一路"、人类命运共同体建设的大背景下，海外课程部提出了"东儒西哲、双璧合一"的教育理念以及"完满教育"的概念，特引进国际 AP 课程，与其他国家在教育领域开展多层次、宽领域的交流与合作，全力培养具有国际竞争力、通晓并能够参与国际事务的优秀人才。

AP 课程是美国大学理事会针对高中生设定的大学先修课程体系。其课程难度相当于美国大学入门课程水平，比普通高中课程难度要大一点，一些 AP 课程获得优秀成绩的高中生会被大学优先录取。我校于 2020 年引进该课程体系。

国际课程的引进及校本化的过程，是将同一知识点的不同维度重新整合的过程。对国际上使用的 VPS 课程体系进行校本化改造，与挑战式学习（CBL）和项目式学习（PBL）进行融合，通过识记、理解、运用三个维度进行教学内容的整合，形成了具有我校鲜明特色的国际课程体系。该课程体系更利于学生对复杂知识的掌握。在素养方面，开设了街舞社、美式辩论社、领导力社等学生社团。上述课程体系和学生社团课程，把全新的教育理念、前沿的教学内容和先进的教学方法带入我校，与我国中学生教学大纲、教科书的对应内容相融合，有助于培养学生的批判性思维能力和创造性思维能力，有助于培养通晓并能够参与国际竞争的优秀人才。

海外课程部面向高中三个年级开设了海外名校 AP 班、多语种班、卓越课程班，开设各类型国际竞赛及特色课程。

（三）地方课程

地方课程包括法治教育和研究性学习等。

（四）校本课程

校本课程包括语言类、社会科学类、自然科学类、体育与健康类、艺术类和大综合类 6 个类别。

1. 语言类校本课程

语言类校本课程包括汉语类校本课程和外语类校本课程。汉语类校本课程包括诗联创作同作文、现代诗歌创作等；外语类校本课程包括法语基础课程、德语。

2. 社会科学类校本课程

哲学类：包括趣味哲学、逻辑学基础、古代寓言智慧等。

道德与法治类：包括公民的基本权利、伦理学基础、法制教育等。

生涯规划与心理健康类：包括中学生职业生涯规划与指导、中学生心理导向、积极心理干预等。

历史类：包括甲骨文研究、中外历史人物评说、漫说中国古代近代思想史等。

地理类：包括旅游地理、城乡规划、野外实践考察等。

3. 自然科学类校本课程

数学类：包括数学建模、趣味数学、古今数学思想、数学中的美、奥林匹克数学竞赛。

物理类：包括物理学史、生活中的物理、创意电子与制作、造物高手、天文学基础。

生物学类：包括植物组织培养、食品营养学等。

化学类：包括化学与技术、中国古代化学与发展中化学等。

信息技术类：包括微视频制作、手机 App 开发、Python 程序设计语言、Photoshop 图像处理等。

4. 体育与健康类校本课程

球类：包括篮球、羽毛球、网球、足球、乒乓球等。

武术类：包括武术套路、军体拳、擒拿格斗等。

棋类：包括中国象棋与博弈、国际象棋、围棋、围棋的历史传承与发展、围棋中的数学等。

民族与民间体育项目类：包括中国式摔跤等。

操类：包括健美操。

卫生与健康类：包括传染病的预防、常见疾病的预防、中药膳食与保健、中医养生等。

5. 艺术类校本课程

音乐类：包括小中大提琴训练、合唱、钢琴、古筝、尤克里等。

美术类：包括中国画、版画、剪纸、书法、插花艺术、水彩风景创作、插画、陶艺制作、服装设计与舞台装饰等。

影视和戏剧类：包括外国歌剧欣赏、中国京剧等。

舞蹈类：包括中国民族民间舞、拉丁舞、芭蕾舞、街舞等。

6. 大综合类校本课程

大综合类校本课程包括初中、高中大综合类课程，如璧山公园课程、红色研学行、跨文化交际、国际竞赛等。

四、校本课程的开发

学校根据《基础教育课程改革纲要（试行）》要求和学校"合璧为学、育能成山"的课程理念，组建校本课程开发团队，进行调查研究，开展需求分析，确定目标，拟订方案，讨论实施，最终开发了语言类、社会科学类、自然科学类、体育与健康类、艺术类和大综合类等 6 个类别共计 300 余门校本课程，形成了较为系统的校本课程体系。近几年，被评为重庆市精品选修课程的有 12 门，包括"诗联创作同作文""中学生形体气质与礼仪修养""现代诗创作""书法""中学生心理导向""甲骨文选读及其他""十美德教育""璧城有你，必然有我——璧山城市发展探究""中国古典韵文诵、吟、歌""创意与电子制作""高中生职业生涯规划""璧山古诗欣赏与创作"等。近几年，被评为重庆市优秀社团的有 4 个，分别是舞台装饰服装设计、余音社、创客实验室、锦瑟文学社。

五、课程评价体系

课程评价是实现课程目标的关键环节，在课程建设过程中发挥着教育导向和质量监控的作用。正确的教育质量观是实施课程评价的关键。课程评价应根据普通中学教育的性质和任务来进行。我校根据 " 合璧为学、育能成山 " 的课程理念对课程体系建设进行评价。

（一）课程评价原则

我校对课程体系建设进行评价，秉持下列基本原则：

1. 科学性原则

学校课程的提出和课程内容设计必须符合科学性的原则，要体现某一学科或领域的特点与规律。理科类的学校课程要尽量体现科技发展的时代特征与趋势，文科类的学校课程要体现文化性，文理交叉类学校课程的设计要尽量帮助学生认识交叉科学的发展规律。

2. 适用性原则

学校课程的开发必须与学生身心特点相适应，与学生的未来发展所需相一致，与地方人文相结合。在难度上不能超越学生发展的基础和学生认知能力的最大潜力。要根据人类社会发展的趋势对学生的兴趣爱好进行引导。要尽量选择当代科技与社会发展中的热点、前沿、上位、领先的领域，将其开发成校本课程。

3. 广泛性原则

学校课程体系中具体课程的开发及相关内容的选择要考虑多方面、多领域的要求。为了实现学生培养目标，我们充分协调国家课程、境外课程、地方课程、校本课程的内容，编制成一个既不重复又从不同角度有利于实现学生培养目标的完整的课程体系结构。在开发、优化相关课程和选择课程内容时，充分考虑国家课程的强制性与校本课程的自主选择性，基础性课程的基础性和部分校本课程的拔高性，学科课程的单一性和综合性课程的综合性。在开发的过程中，要充分注意到实用性与艺术性、传承性与创新性、人文性与科学性的统一，更好地满足了学生的发展需求。学校每年都根据面向未来的学生培养目标、党和国家的有关政策、社会发展与进步的情况、教师和学生对于课程的评价与反馈，重新修订课程目录。及时地引进、调整境外课程，对国家课程进行校本化的改造，开发新的校本课程并淘汰落后的校本课程，形成面向未来的、成熟的、创新的、前沿的学校课程体系。通过上述方式，实现学校课程体系的更新与动态成长。

（二）课程评价方法

课程评价常用方法有绩效评价法、问卷调查分析法、课堂观察法、访谈法、档案袋评价法等。

第六节　高效教学体系建设简述

一、概述

高效教学体系建设旨在最大幅度提升单位时间内教学效益，以深化课程改革和推进素质教育为核心，以转变教师教学方式和学生学习方式为重点，以广泛开展教学研究和促进教师专业发展为保障，优化课堂教学过程，提高学生自主学习能力，为师生健康成长和学校科学发展奠定坚实基础。

二、教学理念

因学施导，促学成才。

因学施导："学"指学习者、学习目标、学习行为、学情。"导"指导学、引导、指导。教师的身份要由讲师变成导师。导，包括导目标、导内容、导途径、导方法、导合作、导展示、导探究、导自鉴、导巩固、导拓展等，还包括导意志、导决心，更要包括导品德、导成长方向。教学应以学为本，研究学与导，因学施导，提供"无人不可学、无处不可学、无时不可学"的导学服务。

促学成才：促进学习者高效学习，成为社会栋梁之才。

三、高效教学的目标

高效教学的目标是一个目标体系，由上到下分为多层。

就学校而言，最高一层的教学目标是校级教学目标。我校校级教学目标主要由理念角度的目标、素养角度的目标、习惯角度的目标、效能角度的目标和教师成长角度的目标五个方面构成。

一是理念角度：体现"因学施导、促学成才"的教学理念，确立学生的主体地位，关注全体学生的发展。

二是素养角度：全面落实新课程目标，促进学生品德、性格、知识、能力、体魄等方面的和谐发展，提高学生主动学习、合作学习、自主学习、探究学习的能力。

三是习惯角度：教师与学生共同创建学习共同体，培养学生自主学习习惯。

四是效能角度： 关注单位时间内的学习效益和质量，提高学生在单位时间内发现问题、分析问题、解决问题的能力。

五是教师成长角度： 促进教师专业成长，不断提高教师高效教学的能力，使其专业素质得到持续发展。

四、高效教学体系建设的原则

（一）以学为本的原则

"学"既可以是学生，也可以是学习者，还可以是学习行为、学情等，教师要全面观察、研究、分析学生学习的基础、需求、方法和习惯等，制定科学、合理的教学目标，设计有针对性的教学方案，灵活地驾驭课堂教学。

（二）效能为先的原则

教师要对课堂教学的教学理念、教学设计、教学内容、教学方法等方面进行科学的分析和思考，不断优化教学内容，把提高课堂教学的效益和质量放在首位。

（三）循序渐进与弯路超越相结合的原则

教学效益和质量的达成，如同一场"赛跑"。一方面，教师要利用"赛跑"的规则意识，严格按照科学知识的内在逻辑体系和学生认知能力发展的顺序进行教学。对教学内容、教学方法等的安排，应由易到难，由简到繁，实现教学效益的逐步提高。另一方面，教师要利用"赛跑"的激励意识，强化学习的自主实践机制、同伴互助机制、名师指引机制、合作争先机制，形成一个"积极行动场"，生成一种积极的、昂扬的、主动的文化效应，实现教学效益的弯路超越。

（四）长远发展与兼顾当下相结合的原则

高效教学体系既要服务于当下的课程改革，又要满足未来课程发展的需要。当下教学模式要融入自主、合作、探究的基本理念，也要融入目标科学化、内容问题化、知识生活化等教学策略，更要融入情境、体验、对话交流、多维互动等"活性元素"。高效教学体系还要引领未来。教学模式不仅要适应课程改革还要促进课程改革，所以教学模式要体现未来教育改革的发展趋势。

（五）强调创新与选择性继承相结合的原则

在高效教学体系打造上，要继承学校已取得的教学经验，借鉴国内外名校的先进理论和成功实践，结合学校教学实际，通过探索、总结、发展和创造，不断调整、修改和完善课程，使之更适合学生的需要和发展。

五、高效教学的环境

高效教学的环境包括教学物质环境、教学心理环境、教学网络环境等。

在教学物质环境建设方面，学校投入巨资建设生态优美的教学环境，为学生的学习提供了国内一流的生态环境。教室的布置要有浓厚的文化气息、典型的班级特色，营造科学的育人氛围。

在教学心理环境建设方面，学校通过制度建设等途径，让全体教师知晓学校是允许学生出错的地方，教师要学会积极"欣赏学生""倾听学生"，在欣赏和倾听的过程中发现学生的闪光点，不断鼓励他们。要通过营造宽松、民主的学习氛围，通过关注每一个学生的成长和发展，在有限的空间中创造出教学的无限性，为学生打造一个良好的教学心理环境。

在教学网络环境建设方面，学校利用全功能智慧教室、物联网技术、智慧课堂云终端等，为教学创造一种高效的、立体化的、全时空状态的、即时的教学网络环境。

六、课型

（一）传统性课型

传统性课型主要包括讲授课、阅读课、习题课、复习课、实验课、评讲课、考试课等。

（二）创新性课型

创新性课型主要包括自读课、朗读课、名著导读课、思维训练课、试卷分析课、单元开启课、自主研讨课、整理反思课、听力课、词汇课、阅读鉴赏课、结构预习课、拓展训练课等。

七、教学组织方式

（一）班级授课制

班级授课制主要包括大班授课制、中班授课制（名校班、实验班、特色班等）、小班授课制（创新实验班、创新班、国际部卓越班、国际部 AP 班等）。

（二）走班制

走班制主要包括分层走班制、分类走班制等。

（三）导师制

导师制主要包括优秀家长担任导师的导师制、本校教师担任导师的导师制等。

（四）学长制

学长制主要包括优秀毕业学生担任学长的学长制、高段优秀学生担任学长的学长制等。

八、高效教学的策略

（一）尊重与赞赏

教师要尊重每一名学生的人格尊严和价值，在课堂中，要以饱满的热情、真诚的微笑，和蔼可亲地与学生平等地、民主地对话。在师生互动中，允许学生答错后重答，允许学生答不完整后补充，允许学生有不同意见时争论。同时，教师要赞赏每一名学生的兴趣、爱好、专长，赞赏其所付出的努力和表现出来的善意，赞赏其采用审辩式思维对教材、对其他书籍、对教师的讲授等所提出的质疑和对自己的超越。

（二）精讲与精练

学生自己完全能够学会的，教师不要讲；教师讲了学生当下也学不会的，现在不要讲，待学生具备相应基础后再讲；学生通过预学、个学、合学能够学会的，教师也尽量不要讲。教师通过"精讲"，把精力放在知识的重点、难点、疑点、易错点上，把功夫下在知识的内在联系上，提高学生"闻一知十、举一反三、融会贯通"的能力。学生通过"精练"，达到掌握与巩固知识的目的，形成听、说、读、写、译的能力，从而实现每节课的既定目标，圆满完成每节课的教学任务。

（三）创境与设疑

教师通过创设系列的情境，组织大量的刺激要素，以不同形式刺激学生与问题对话，强化学生对问题的观察、思维、记忆等，不断巩固学习成果，并通过设疑、刺激学生对问题探索求知的欲望与热情，培养学生的思维能力。

（四）整合与技术

教师将媒体技术融入教学过程中，发挥"技术"的优势，帮助提升教学效率。教师同时将技术与教学内容有机整合，整合在关键处、疑难处、情境创设处、思维的障碍处以及知识的延伸处等。

九、高效教学的方法

教学常用的方法有讲授法、提问教学法、谈话法、讨论法、读书指导法、演示法、参观法、练习法、实验法、实习作业法、实践活动法、欣赏教学法、情景教学法等。下面对提问教学法和演示法做简略介绍。

（一）提问教学法

教师按一定的教学要求向学生提出问题，要求学生回答，并通过问答的形式来引导学生获取新知识、新能力或巩固旧知识、旧能力。

基本要求：要做好提问准备，在获得被提问的机会方面尽量做到公平公正；提出的问题要明确，能引起思维兴奋，富有挑战性和启发性；问题的难易要因人而异；要善于启发诱导，使学生的知识系统化、科学化，并注意纠正一些不正确的认识，帮助学生准确地掌握知识；要做好归纳和小结。

（二）演示法

演示法是通过展示实物、展示直观教具、进行示范性的实验、采取现代化视听手段等，来指导学生获得知识、巩固知识的教学方法。

基本要求：教师先做好演示前的准备；要使学生明确演示的目的、要求与过程，主动、积极、自觉地投入观察与思考；通过演示，使所有学生都能清楚、准确地感知演示对象，并引导他们在感知过程中进行综合分析。

十、教学的数字化、智能化

学校依托信息化手段，利用智慧校园平台进行智慧课堂教学。学校的互动教学终端、教学云平台、大数据收集分析平台覆盖了备课、授课以及复习整个过程，让备课更加高效轻松，课堂教学更加多样和灵活，师生互动更多，信息反馈也更快，课后复习也更高效，为高效教学体系的运行提供了有力保障。

十一、高效教学的模式

（一）校级教学基本式——"1537 教学模式"

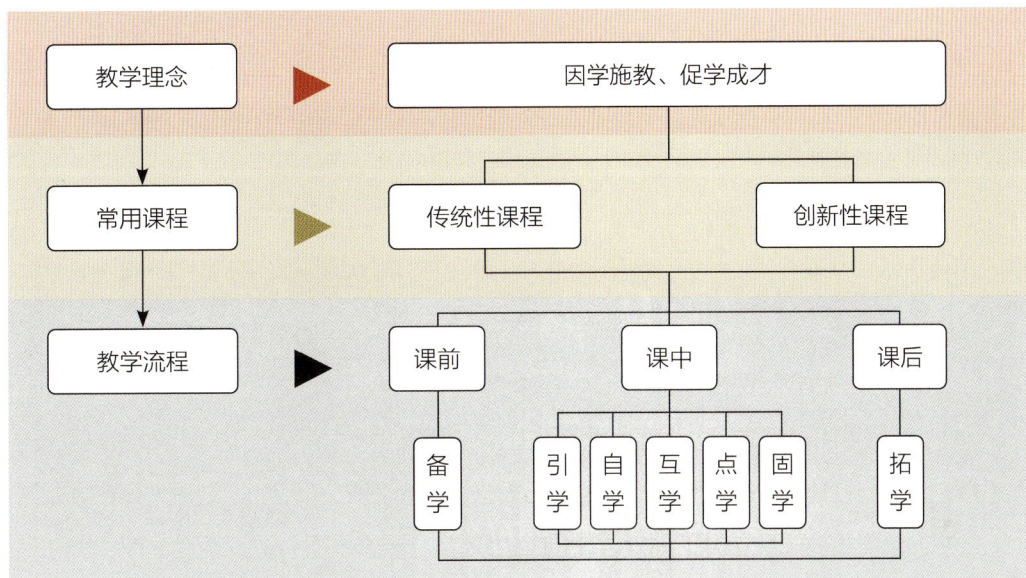

墈山中学"1537 教学模式"（校级教学基本式）

1. "1"即一个教学理念——因学施导，促学成才

2. "5"即五种学科常用课型

每个学科结合各学科的具体特点，设计出五种常用课型。

如语文学科的阅读课、作文课、自读课、阅读写作课、名著导读课等，数学学科的思维训练课、试卷分析课、单元开启课、习题训练课、新知探索课，外语学科的听力课、词汇课、阅读鉴赏课、结构预习课、检测点评课等。

3. "3"即三大教学阶段——"课前""课中""课后"

4. "7"即七个具体学习环节——课前的"备学"，课中的"引学、自学、互学、导学、固学"，课后的"拓学"。

（1）课前（备学）

备学，包括学生的课前准备性学习和教师的备课。

学生的课前准备性学习主要是初读课本，重温有关的知识；初步理解知识点，形成总体印象；找出有疑惑的问题并记录下来，其中需要教师指导的问题要提前交给教师。

备学有利于改变学生被动学习的局面，让学生带着目标和问题参与课堂学习，提高课堂学习效率；有助于减少课后整理、消化、作业的时间，有助于培养和提高学生自学能力。

教师的课前备学，本质上是备课，即教学设计。教师的备学包括对课程标准、教科书、必需的课外读物及其他相关信息的研究，对学生预学的指导、课上学习的预估，对学情的全面了解、分析，对作业题的设计，对评价活动的预设等。

（2）课中

课中的教学流程，就新授课而言，大体上是"引学、自学、互学、点学、固学"五个基本学习环节。

引学： 教师的引导性学习。教师通过课堂引导，使学生对课前备学的知识做一个独立思考，听课时进一步加强理解，这样比单纯依靠听课获得知识的记忆效果好。教师可设计一个难易适度、可操作性强的引学提纲，呈现给学生，并对提纲做必要的解释。

自学： 学生的自主学习。教师指导学生边学、边思、边写（预习笔记或学案），让学生主动、细致、认真完成学习任务，安静有序，不要吵闹，不做与学习任务无关的事。小组长要负责管理，给个人计分。如果备学阶段已经完成了自学，且课堂上不需要再经过自学阶段，则可以直接进入下一步互学即小组合作学习阶段。

互学： 学生的互助学习。针对自学阶段不能解决的问题，教师引导学生团队围绕导学案和学生反馈的问题进行小组合作探究学习。要求学生围绕本节课的教学目标和教学重、难点，开展互助合作学习。小组长负责组织本组同学的互学和组间的合学，达成学习目标。对于不能达成的目标、尚未解决的有价值的问题，予以搜集整理，通过展示、交流，尽量全部解决。教师指导学习组长组织小组成员交流学习成果，解决个人疑难问题，达成小组学习目标。小组长整理有价值的问题、组内不能解决的问题。交流过程中，既要学会倾听，更要学会表达，要把自己的困难、疑惑、认识、感悟大胆地说出来，让组内同学既分享你的成功也分解你的困难，实现共赢。同时，对其他小组的问题也要敢于回答和质疑。

点学： 教师的点拨学习、指导学习。教师应根据学科特点和课堂实时情况进行机智点拨。教师对学生在展示中出现的问题进行追问、点拨、拔高，要有针对性、总结性、拓展性。此步骤可以在学生展示中适时完成，也可以把学生展示阶段暴露出的问题进行集中解答。

固学： 学生的巩固性学习。这是根据记忆和思维规律提出来的，不仅可以识记、深入理解、巩固当堂所学知识，还可以查漏补缺，提高运用知识的技能技巧。学生尝试巩固当堂所学的内容，归纳、整理课堂笔记，使知识系统化，形成知识结构。针对所学要点进行应用性练习，在练习过程中交流讨论、相互答疑。把大家都不能解决的、答案有分歧的极少数问题加以记录，提交给教师，作为课后拓学的内容之一。

学校授权教师对上述课中的五个基本学习环节灵活使用：第一，对于上述五个学习环节的规定为指导性规定，非指令性规定；第二，教师可根据高效教学的需要和本学科的特殊情况，对上述五个环节的前后顺序、数量、环节的名称做必要的调整。

（3）课后（拓学）

拓学，即学生的拓展性学习。主要的拓学内容分为两类：第一类，是课堂教学中剩余的极少量的疑难性"问题"；第二类是学优生学有余力、应拓展学习的相关内容。对于拓展，应向两个方面、三个维度来拓展：在"博"的方面，应向宽度上拓展；在"专"的方面，应向高度和深度上拓展。

（二）变式举隅

1. 语文教研组的"激趣促学"学科教学模式

学校语文教研组结合语文学科的特点，注重学生的非智力因素的培养，以激发兴趣为主线设计了"激趣促学"学科模式。其操作流程包括：激趣预习—指导自学—自我展示—精当点拨—巩固练习—达标测评—巩固增趣。这种变式让学生在课前、课中、课后始终保持大脑的兴奋状态，使学生在充满学习兴趣和快乐的心境中学习，在兴奋的激情中理解、吸收新知识，使学生的智力潜能在非智力因素的推动下得到发展，从而改变生硬呆板的强制性学习的教学方式，使教与学在"激趣促学"中达到完美的和谐统一。

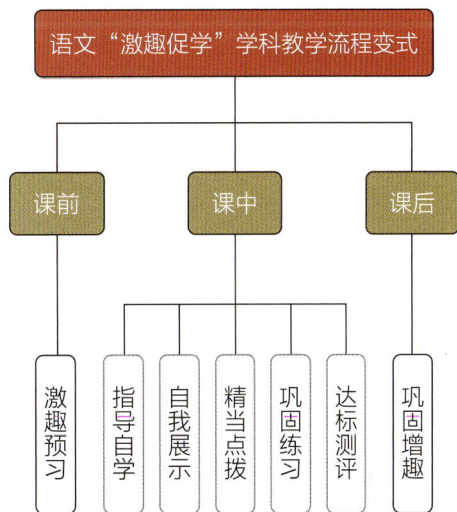

语文教研组"激趣促学"学科教学流程变式

2. 数学教研组"备学·解惑·固拓"学科教学模式

数学教研组遵循循序渐进的教学原则，设计了"备学·解惑·固拓"学科教学流程变式，其基本结构分为课前（备学）、课中（解惑）、课后（固拓）三个阶段，三个阶段相互融合、相互补充。教学流程包括：学案备学—合作探究—小组展示—纠错互评—点拨克难—提炼总结—巩固拓展。这种变式在每个教学环节上都有意地培养学生自主学习与探究的能力，不管是生生之间的交流，还是师生之间的交流，都展现了思维的开放性，将教师从听者转变为学习引领者，充分体现了学生的主体地位和教师的主导作用。

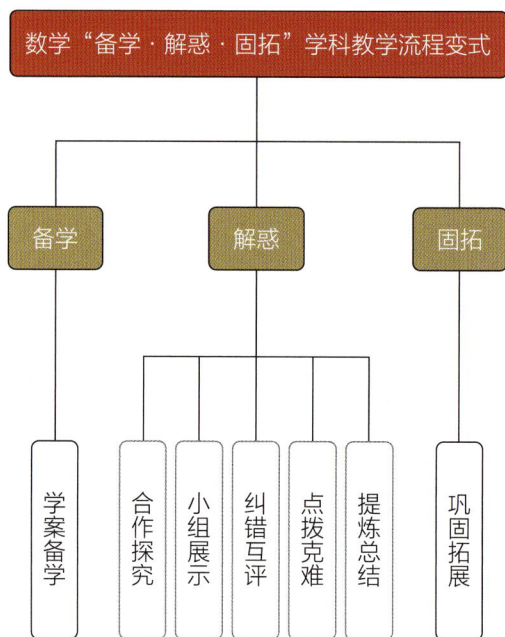

数学教研组"备学·解惑·固拓"学科教学流程变式

（三）课堂教学基本要求

1. 学案的编制

在编制学案时，要把本节课的教学目标、教学内容（含教学重点、难点）、主要由教学重点转化来的教学问题、主要由教学问题转化生成的练习题、学习方法点拨、教学反思与评价等尽量包含进来。

在各学科组内部的年级备课组范围内，一般应统一教学内容，编制各种形式的学案，向学生提出明确的学习要求。对于问题的预设，要求教师预设较少的问题，一般为1~3个，要突出重点。各学科组应统一精心设计各课时的练习。一般先由任课教师设计出练习的初稿，备课组讨论完善后再基本定稿。

2. 自学的巡导

在学生自学的过程中，教师利用巡导关注全班每一个学生，特别是侧重关注"两头"的学生，既要关注一些思维敏捷的学生，发现一些富有个性或创造性的方法；也要关注那些学习有困难的学生，让他们一起参与到探究的过程中，在他们感到疑惑或困难的地方给予及时的帮助与点拨，使他们的思维顺利推进，在原来的基础上有所进步。这种有针对性的巡视，不仅能使课堂呈现多样的思维方式，又能给予学生特别是困难学生耐心的指导。

3. 讨论的组织

教师要有效组织、指导学生小组讨论，充分发挥学科优生"小老师"的作用，让学生在讨论中自主解决大部分基础性问题、一般性问题及部分个性化问题。能把别人教会，自己才算真会。

4. 课堂练习

所有正课必须保证每个学生至少有 15 分钟的动手规范训练时间。要从落实学生当堂动手训练做起。可以不讲或少讲，但不能不练。对于练习，应开展限时训练，凡练即查即批，有错即纠。对于批改中发现的共性问题、科代表反馈的共性问题、学生讨论中形成的共性问题，要加强练习，当下训练强化。要从讲练做起，只讲不练，等于白讲。

5. 教师指导

每节课上教师至少有二分之一的时间走下讲台，走到学生中间去，零距离和学生交谈、指导、批改。教师要热情真诚地关爱每一个学生，要不断追求高效课堂的点拨艺术。教师要善于灵活地运用教学常用语，包括启发性常用语、赏识性常用语、激励性常用语、反思性常用语等。

6. 课堂管理

所有学科教师要坚决抓好课堂教学管理。教师首先应采用激励性、鞭策性的手段与方式，引导课堂正向推进。当遇到课堂问题时，首先采用和谐的、阳光的、学生容易接受的方式予以提示和引导。当柔性引导效果不佳时，可采用具有一定刚性色彩的措施，加以引导。采取上述方式仍然无效，则可动用国家法律和行政规章授权的管理方式和手段。我们要求教师尽量不采用上述最后一种管理方式和手段。

十二、高效教学的评价

（一）教学目标评价

教师教学目标是否明确，是否体现了课程标准的要求，是否符合学生实际，"三维目标"，是否全面、具体、适度，是否有可操作性，并能使知识标、技能标、情感标有机相融、和谐统一。

（二）教学内容评价

教师是否转变了教学观念；是否准确把握了所教学科内容的体系、重点、难点、疑点和易错点；教授内容是否正确、完整，是否联系学生的生活实际；是否能激发学生去积极思维；是否从教学实际出发，对教材进行了科学有效的整合，以促进学生的学习，是否以教材为基准但不唯教材，创新性地使用了教材。

（三）教师行为评价

教师是否能以学生为主体；是否能够有效地组织学生进行学习；是否重视知识与能力的形成过程，重视学生学习方法的培养，重视学生的自学能力、实践能力、创新能力的发展；是否营造了宽松、民主、平等的课堂学习氛围，教态是否自然亲切；对学生学习的评价是否恰当、具体，是否强调了激励性。

（四）学生行为评价

学生学习的主动性是否被激活；是否积极地以多种感官参与到学习活动之中，精神振奋，有强烈的求知欲望；是否全员参与，有效参与；是否由被动学习转为主动学习；是否由个体学习转为集体学习、合作学习。

第七节　公民教育体系建设简述

一、公民教育的理念

我校的公民教育理念是"养高山之品，蕴璧玉之德"。山玉精神既是代代璧中人根脉相承的思想原型，也是璧中人念兹在兹的理想人格。

二、公民教育的目标

（一）总目标

培养具有高尚品德、家国情怀、科学信仰、法治意识、文明习惯、健全人格之璧中学子。

（二）学段目标

初中学段：能够知晓高尚品德、家国情怀、科学信仰、法治意识、文明习惯、健全人格等方面的要求，能自觉按要求执行，并能通过自己的行为影响家人、朋友。

高中学段：能够比较深刻地理解高尚品德、家国情怀、科学信仰、法治意识、文明习惯、健全人格等方面的要求，能自觉按要求执行，主动通过社会实践、社区服务、主题活动等向社会、家庭辐射，共同进步。

三、公民教育的原则

（一）坚持正确方向的原则

全面贯彻党的教育方针，坚持社会主义办学方向，牢牢把握公民教育工作主导权，保证公民教育阵地成为坚持党的领导、为祖国的未来培养优秀人才的坚强阵地。

（二）遵循规律的原则

要坚持人类社会发展规律与人的认知规律相结合，充分考虑学生的年龄特点和最近发展区，注重学段衔接和知行统一，强化道德实践、情感培育和行为习惯养成，努力增强公民教育工作的吸引力、感染力和针对性、实效性。

（三）协同配合的原则

发挥学校主导作用，引导家庭、社会增强育人责任意识，提高对学生道德发展、成长成人的重视程度和参与度，形成学校、家庭、社会协调一致的育人合力。

（四）常态开展的原则

根据教育目标，推进公民教育工作常态化开展，融入学校各项日常工作中，坚持全员育德，形成一以贯之、久久为功的工作机制。

（五）学科渗透的原则

在学科教学中融合公民教育，实现公民教育的全学科育人。

四、公民教育的内容

（一）社会主义核心价值观教育

把社会主义核心价值观贯穿公民教育全过程，深入开展爱国主义教育、国情教育、国家安全教育、民族团结教育、诚信教育等。引导学生牢牢把握富强、民主、文明、和谐，将其作为国家层面的价值目标；深刻理解自由、平等、公正、法治，将其作为社会层面的价值取向；自觉遵守爱国、敬业、诚信、友善，将其作为公民个人层面的价值准则。总之，要将社会主义核心价值观内化于心、外化于行。

（二）理想信念教育

开展马列主义、毛泽东思想学习教育，加强中国特色社会主义理论体系学习教育，引导学生深入学习习近平总书记系列重要讲话精神，领会党中央治国理政新理念、新思想、新战略。加强中国历史特别是近现代史教育、中国特色社会主义宣传教育、中国梦主题宣传教育、时事政策教育，引导学生深入了解中国革命史、中国共产党史、改革开放史和社会主义发展史，继承革命传统，传承红色基因，深刻领会实现中华民族伟大复兴是中华民族近代以来最伟大的梦想，培养学生对党的政治认同、情感认同、价值认同，不断增强为共产主义远大理想和中国特色社会主义共同理想而奋斗的信念和信心。

（三）以"十美德"为抓手的中华优秀传统文化教育

开展家国情怀教育，传承发展中华优秀传统文化，大力弘扬中华传统美德、中华人文精神，引导学生了解中华优秀传统文化的历史渊源、发展脉络、精神内涵，增强文化自觉和文化自信。在实施过程中重点以"十美德"教育为主要内容。"十美德"教育，即以中华民族优秀传统美德"仁、义、礼、智、信、温、良、恭、俭、让、忠、孝、勇、廉"为基础，立足新时代立德树人的根本要求，融合社会主义核心价值观及中小学生核心素养内涵，提炼出"忠、孝、礼、志、信、勤、俭、善、学、谦"十种美德，作为道德品质教育的核心内容。我校从 2012 年 9 月开始，开展"十美德"教育。从"十美德"教育课程资源的开发，"十美德"教育氛围的营造到对初一至高三学生分层分类分月全面实施"十美德"教育，做到循序渐进、螺旋式提升。从以主题班会课为主渠道的主题教育到以年级为单位的主题教育，再延伸到社会实践活动及家校共育，促进"十美德"教育落地生根。该项目是重庆市立德树人特色项目、重庆市教育教学改革课题、重庆市德育品牌、重庆市普通高中精品选修课程。2021 年获重庆市教学成果三等奖，2022 年出版《中学生"十美德"教育》一书。

（四）生态文明教育

加强节约教育和环境保护教育，开展节粮节水节电教育活动，推动垃圾分类，倡导绿色消费，引导学生树立尊重自然、顺应自然、保护自然的发展理念，养成勤俭节约、低碳环保、自觉劳动的生活习惯，形成健康文明的生活方式。

（五）法规与纪律教育

加强《中华人民共和国宪法》《中华人民共和国民法典》《中华人民共和国未成年保护法》《中华人民共和国预防未成年人犯罪法》《中华人民共和国道路交通安全法》《中华人民共和国治安处罚条例》《中小学教育惩戒规则》《中学生日常行为规范》《璧山中学学生行为规范细则》《璧山中学违纪学生处理规定》等法规、学校规章的教育，引导学生自觉遵守，规范自身行为。

（六）心理健康教育

开展认识自我、尊重生命、学会学习、人际交往、情绪调适等方面教育，引导学生增强调控心理、自主自助、应对挫折、适应环境的能力，培养学生健全的人格、积极的心态和良好的个性心理品质。目前，学校的心理导向课程是重庆市普通高中精品选修课程。

（七）生涯规划教育

生涯规划教育是以指导学生做好生涯规划为重点内容的教育，是引导学生全面认识自己，多维度认识社会，确立恰当的人生目标，制定科学的人生规划，采取积极的发展策略，挖掘自己的潜能，谋求最大程度发展的教育。我校的生涯规划教育贯通初一至高三，以"帮助学生做最好的自己"为目标，坚持"问题导向、体验为重、发展为本"原则，采取"六大行动"，即建设生涯规划指导中心、培养专兼职师资、开发生涯教育资源、开展七项专题指导、营造生涯教育氛围、开展学生综合素质评价，开展"七类指导"，即综合化专题指导、全学科融合指导、主题式靶向指导、环境浸润式指导、个性化成长指导、情景体验式指导、专业化咨询指导，帮助学生获得最大程度的发展。我校的生涯规划教育是重庆市普通高中教育教学改革研究课题、重庆市普通高中精品选修课程、重庆市第五批教育综合改革试点项目。

（八）文明礼仪教育

为了全面提升学生行为规范养成教育，引导学生养成文明习惯，提升道德情操，自觉落实道德行为，学校全面实施文明礼仪教育，具体包括出行礼、见面礼、课堂礼、活动礼、就餐礼、通讯礼、仪表礼、环保礼、就寝礼、社交礼。其中，以中华传统礼仪为主，也包含部分西方礼仪。

（九）安全教育

针对校园安全问题多元化趋势，学校分别对人身安全、消防安全、交通安全、食品安全、网络安全、财产安全、教学安全、生态安全、心理健康、防溺水、防欺凌等方面加强教育，以保障学校人、财、物的全面安全。

（十）生存能力培养教育

开展中学生自然灾害应对教育、中学生卫生保健教育、中学生心理保健教育、常见学生安全应对教育、中学生法治教育、中学生应急教育六大教育课程，通过主题班会课、体育课、校医讲座对全体学生进行急救能力培训，强化常态化安全教育，让学生学会生存、学会学习和学会创造，在自然灾害应对、卫生保健、心理保健、安全应对、法治教育、急救教育等方面得到受益终身的收获。

五、公民教育途径

（一）文化育人

依据学校"璞石化璧、厚学如山"办学核心理念，结合文明校园建设活动，营造秩序良好、环境优美、积极向上、格调高雅的文化环境。

1. 理念文化育人

通过"正心、博识、卓能、强体"之校训，"正、勤、智、恒"之校风，"道法协同，知能协合，己群协进，承创协辉"之学风，"璧玉之德、江海之知、大成之能、缙云之体"之核心素养目标等精神文化育人。

2. 公共环境文化育人

利用校史馆、名人雕塑、"十美德"文化石、"十美德"文化墙、教学楼廊道文化等环境文化育人。

3. 班级文化育人

通过班徽、班训、班旗、班歌、班级口号、班级公约等班级文化育人。

4. 寝室文化育人

利用寝室牌、寝室廊道文化、寝室公约等寝室文化育人。

（二）课程育人

充分发挥课堂教学的主渠道作用，严格落实德育课程，丰富地方和学校课程。

1. 国家德育课程

包括道德与法治、思想政治课。

2. 地方与校本德育课程

包括序列化主题班会课、"十美德"教育课程、生涯规划指导课程、安全与法治课程、励志教育课程、心理健康教育课程、中学生生存能力培养课程以及与德育有关的社团课程等。

（三）管理育人

根据学校办学核心理念，推进德育管理现代化。

1. 德育制度

主要包括《中小学生守则》《中学生日常行为规范》《璧山中学学生一日常规》《班主任一日常规》《璧山中学学生公约》《学生参赛、表彰奖励办法》《班主任及班级考核办法》等。

2. 职能部门管理

以德育处为主，多部门协同，发挥"线"上督导的作用，发挥各年级组"点"上落实的功能，共同开展德育管理工作。

3. 班级管理

包括富有特色的班主任管理，民主化的班委、团委工作。特别是建设"八有班集体"，即有整洁的学习环境、有温馨的人际关系、有自觉的规则意识、有良好的行为习惯、有健康的生活方式、有科学的成长规划、有浓厚的学习氛围、有顽强的拼搏精神。

4. 学生自主管理

主要包括学生会、学代会、团委会、学生宿舍自律管理委员会、国旗班管理等。

（四）实践育人

广泛开展主题活动和实践育人。

1. 主题活动

（1）七大品牌节

第一，心育节。每年的 5 月 25 日是学校心育节，通过亲子沟通、学习方法训练、表达性艺术治疗、生命的历练、生活中的小确幸、生涯规划、一场红包雨、我想对你说等活动，促进学生的心理健康。

第二，体育节。全面贯彻《中共中央国务院关于加强青少年体育增强青少年体质的意见》精神，组织学生田径运动会、班级篮球赛、校园足球文化节、校园乒乓球赛、教职工趣味运动会等。

第三，艺术节。学校着力关注学生文化艺术兴趣的培养和艺术素养的提升，促进孩子全面发展。具体活动包括元旦晚会、校园歌手大赛、金话筒主持人大赛、校园舞蹈大赛、艺术作品展、校园合唱比赛等。

第四，社团节。目前学校开设了一百多门社团课，如文学社、象棋社、摄影社、美工社、泥塑社、合唱团、话剧社、舞蹈社、汉服社、篮球队、足球队、动漫社等社团课程。学校把每年 5 月作为社团成果展示月，展示共分为两个部分：作品展（以展览为主）和成果展（以演出为主）。

第五，文化节。每学年开展一次，确定一个主题，主要以文科学科教研组为实施主体，以演讲、辩论、论坛、演出等多种形式培养学生的文化素养。

第六，科技节。每学年开展一次，确定一个主题，主要以理科学科教研组为实施主体，以实验演示、创新成果展示、论坛、趣味科技等形式培养学生的科学素养。

第七，家校节。每年开展一次，内容包括家庭教育指导、家长资源调动和家校协同育人"八个一"专题活动等内容。家庭教育指导是通过开发通识课程、特色课程和定制课程，以线下讲座、线上学习、家长书屋阅读活动、亲子团建、家访、家长开放日、家长沙龙、家长会等途径，对家长进行培训和指导。家长资源调动，即充分挖掘家长资源，为学生搭建职业生涯体验实践平台，开辟"家长课堂"，邀请家长进校为学生授课等。家校协同教育"八个一"专题活动包括：一次"家庭家教家风建设"主题班会，一次家风优化行动，一次璧中最美家庭评选活动，一次家庭成员生存能力培养行动，一次特别的家庭晚宴，一次亲子家务劳动，一次"亲子寻美"活动和一次义卖活动。

（2）节日、纪念日活动

第一，节日活动。利用春节、元宵、清明、端午、中秋、国庆、重阳等中华传统节日以及二十四节气，开展介绍节日历史渊源、精神内涵、文化习俗等校园文化活动，增强传统节日的体验感和文化感。

第二，纪念日活动。利用学雷锋纪念日、中国共产党建党纪念日等重要纪念日，加强学生的爱党爱国教育。

（3）专题教育活动

利用班会课、晨会课等开展理想信念、社会主义核心价值观、中华优秀传统文化、安全法制、文明礼仪、生态文明、国防教育、心理健康教育等专题教育活动。

（4）仪式活动

第一，成人仪式。璧山中学"成人礼"在每年12月18日举行，主要环节：老师和家长代表为学生颁发成人证；学生同家长和老师行"成人礼"；播放高三教师视频，一名家长代表与自己的孩子在主席台上读写给对方的信件；学生读家长写给自己的信件，教师代表发言；集体宣誓等。

第二，离队入团仪式。璧山中学"离队入团"仪式于每年5月4日举行，离队仪式主要环节：奏唱国歌；暖场节目展示；领导致辞；出队旗；呼号；退旗（鼓号队奏退旗曲）等。入团仪式主要环节：出团旗；新团员代表宣读入团申请书；璧山中学团委书记宣读新入团团员名单；团委书记为新入团团员佩戴团徽；领导上台为新入团团员代表佩戴团徽；共青团璧山区委书记对新团员寄语；班级老团员为新团员佩戴团徽；入团宣誓；授旗；齐唱团歌等。

第三，升旗仪式。常规升旗仪式于每周一举行，主要包括全体师生面向国旗，由国旗仪仗队的同学护旗行进；升国旗，全体师生高唱国歌、行注目礼；升校旗，高唱校歌、行注目礼；值周班学生代表在国旗下讲话；值周教师对上一周学校学习、纪律等情况进行总结，并布置本周工作，鼓励同学们以饱满的热情开始新一周的学习。

第四，开学典礼。根据时代的发展和学校的规划确定本学期开学典礼主题，总结上学期各项工作中取得的成绩，确立新学期学校工作目标。可采用线上线下方式进行。开学典礼主要步骤：第一项，国旗班出旗，全体肃立；第二项，升国旗，奏唱国歌；第三项，升校旗，高唱校歌；第四项，校长做开学典礼致辞；第五项，学生代表讲话；第六项，颁发假期中获奖的各项奖状。

第五，毕业典礼。初中毕业典礼一般在 6 月进行，高中毕业典礼一般在 5 月进行。根据当年的背景确定毕业典礼主题，主要通过集会的方式开展感恩教育、励志教育和理想信念教育。

2. 实践育人

（1）主题实践

主要包括爱国主义教育主题实践、中国优秀传统文化教育主题实践、安全法制教育主题实践、文化艺术教育主题实践、科普教育主题实践、国防教育主题实践、环保教育主题实践等。

（2）劳动实践

主要包括校内劳动、校外劳动两个方面。校内劳动包括保洁护绿、校园种植等，校外劳动包括职业体验、家务劳动等。

（3）研学旅行

主要开展自然类、历史类、地理类、科技类、人文类、体验类、综合类等研学旅行活动。

（4）志愿服务

主要包括校内值周班、开学迎新志愿服务、校园文明礼仪劝导志愿服务等校内志愿活动，以及公园志愿活动、社区环保卫士志愿活动、文明出行小卫士、"周六一小时"志愿活动等校外志愿活动。

（五）协同育人

联动学校、家庭、社会力量，实现全员德育。

1. 家校协同

充分发挥家长委员会的民主决策、民主管理、民主监督作用，通过家长学校开展家长育人培训工作，通过家长开放月推进家校沟通与协作。

2.社会共育

特聘法治副校长和健康副校长，定期给学生做讲座，对学校工作进行指导。邀请知名校友、社会成功人士给学生做专题教育讲座，引领学生成人成才。联系宣传、综治、公安、司法、民政、文化、共青团、妇联、关工委、卫健委等部门，做好主题宣传教育活动，净化社会育人环境，助力学生健康成长。

六、公民教育的组织方式

学校公民教育主要采取行政班级制、年级组制、导师制相结合的组织形式。以行政班级为主体，开展常规教育；年级组主要组织开展大型集体教育活动；成长导师主要是对学生进行学业和生活方面的个别指导。同时，还通过学代会、团支部、学生会、学生社团、创客兴趣小组、研学旅行团等，对学生的道德品质施加影响。

七、公民教育的方法

主要采取环境熏陶、说服教育、榜样示范、制度规范、活动教育、实践锻炼、品行评价等方法进行。

八、公民教育的科研

成立德育研究中心。研究中心包括13个专题研究小组，开展13个专题研究，即班主任管理常规、入格教育、"十美德"教育、生涯规划教育、心理健康教育、安全法治教育、家校协同教育、感恩励志教育、劳动教育、美育、理想信念教育、生存能力培养、德育评价。

九、公民教育评价

（一）评价主体

党政机关、学校、年级组、班主任、任课教师、学生、学生家长、社区人士等。

（二）评价方式

坚持目标性评价、过程性评价、结果性评价相结合；坚持相对性评价、绝对性评价相结合；坚持自我评价、他人评价相结合；坚持质性评价、量性评价相结合；坚持单项评价、综合性评价相结合。

（三）结果运用

把评价结果作为学校对各部门、各年级、各班级、教师、学生德育方面的考核和指导的依据。

十、公民教育的保障

（一）组织保障

学校设置开展公民教育的职能部门，以德育处为主，安稳督导室、团委等多部门协同。邀请全国、市德育专家对全体教师进行德育培训，通过班主任选拔、培训、考核等加强公民教育队伍建设。目前我校有两个市级班主任工作室，六个校级班主任工作室，承担着班主任培养的重任。

（二）制度保障

学校制定《璧山中学学生行为规范》《先进集体和先进个人评选办法》《学生操行评定办法》《学生公寓管理制度》《学生使用电子产品管理办法》《学生清洁卫生管理办法》《特异学生管理办法》《班主任工作考核办法》等二十余项与公民教育有关的制度。今后，将进一步完善公民教育方面的制度，加强制度保障工作。

（三）条件保障

学校配置了智慧校园系统、社团活动场所、德育活动场地和先进的设备，并提供充足的资金支持，以保障公民教育的顺利、高效实施。

第八节　重大活动简述

一、庆祝活动类

（一）教师节庆祝活动

在教师节前后，由党政办牵头开展系列庆祝活动，其中包括元勋教师、卓越教师、新锐教师的评选与表彰活动，旨在鼓励和表彰在教育一线做出突出成绩的教师，进一步增强教师的荣誉感、责任感和幸福感，激励广大教师进一步爱岗敬业，做好教书育人工作。

（二）元旦庆祝活动

每年 1 月，由体艺处承办元旦晚会，以特定主题庆祝节目。如 2020 年以"璀璨璧中梦、相约再启航"为主题，整个晚会参照璧山区春晚规模，邀请璧山区教委相关领导观看、媒体全市全程直播、全 LED 背景墙布置。提前一个月审查、筛选、确定节目单，节目类型设计多样，包括语言类、舞蹈类、音乐类、武术类、小品类、歌伴舞、魔术等，舞台灯光设计精美，充分展示了璧中师生的才华。

（三）三八节庆祝活动

每年 3 月，学校工会组织开展主题鲜明、内容丰富、形式多样的活动，包括"三八红旗手"评选、举办三八节趣味运动会等，激励女员工立足岗位、讲奉献、建功业、求进步、谋发展，为教育事业做出应有的贡献。

（四）五四表彰庆祝活动

每年 5 月，由德育处组织召开全校表彰大会，对本年度表现优异的集体和个人进行表彰，以发挥模范示范引领作用。先进集体主要包括先进班集体、文明礼仪示范班、先进团支部、优秀社团。先进个人主要包括十佳"十美德"之星、十佳学生干部、十佳学习之星、十佳学习进步之星、十佳科技之星、十佳文明礼仪之星、十佳特长之星、十佳寝室室长、优秀学生干部、五好中学生、创五好积极分子、文明礼仪示范生、优秀团干、优秀团员、优秀学生会干部、优秀学生会干事等。

（五）党日活动

每月中旬，由党政办牵头开展主题党日活动，主要学习党的理论、重要讲话精神，开展党的教育、组织生活等。

党日活动制度是新的历史时期加强党的建设的一项重要制度。对于活跃党内民主生活、加强党员管理、增强同事团结、发挥教师队伍中的党组织战斗堡垒作用、教师党员的先锋模范作用等具有重要意义。

二、专题教育类

（一）"青蓝工程"结对活动

每年9月，由教科处牵头启动"青蓝工程"师徒结对活动。采用双向选择的形式，为青年教师配备一线最优秀的学科指导教师和班主任指导教师。为了保障"青蓝工程"师徒结对工作的成效，初期，要举行庄重的"青蓝工程"师徒结对仪式，签订"青蓝工程"结对指导协议书，颁发指导教师聘书；中期要加强过程管理，按照《"青蓝工程" 结对指导考核细则》对"师、徒"的指导和学习情况进行考核评价；年终要根据师徒结对的成效分等级发奖。

（二）教师赛课活动

每年11月，由教科处牵头分校区举办青年教师"风采杯"观摩课比赛，分为初赛和决赛两个阶段。初赛由各学科教研组组织，按比例推选出参加决赛的教师；决赛由教科处组织，学校聘请校内外优秀教师担任评委，各学科教师同台竞技。

（三）新入职教师培训活动

每年4-5月，由教科处牵头，开展新入职教师始业培训活动，活动分为跟岗学习、理论培训、学习验收3个部分。跟岗学习包括学科跟岗和班主任跟岗，学校制定富有针对性的学习计划、任务，安排优秀的指导教师给予帮助、引导。理论培训包括学校文化、职业认同、班级管理、师德师风、专业培训、心理培训、应急处理、公文写作、理想信念、入职技能、教科研训、新课标培训等。学习验收包括制作微课、上汇报课、提交学习资料等。培训活动丰富扎实，形式多样，帮助新进教师树立正确的教育理念，培育良好的职业道德和敬业精神，更快更好地适应岗位要求。

（四）教师退休欢送活动

学校的发展历程里，涌现出了许多优秀的教师。他们多年来与学校风雨同舟，工作兢兢业业、无私奉献，以他们的忠诚与才智为学校的发展做出了卓越的贡献。他们是学校"开疆拓土"的功臣，是学校发展的推动者和见证者，是学校宝贵的财富。为体现"尊重知识、尊重人才"的优良文化传统，学校为教师退休举行欢送会，以表达对教师的尊敬、感谢与关怀。

欢送会由工会承办，主要议程有：教师工作情况介绍，颁发光荣退休荣誉证书，赠送鲜花，校长致词，人生畅谈，赠送纪念品。

（五）仪式活动

每年按期举行升旗仪式、开学典礼、毕业典礼、成人仪式、离队入团仪式等活动。详见第七节公民教育体系建设之公民教育的途径"（四）实践育人 1. 主题活动之（4）仪式活动"。

（六）七大品牌节活动

每年如期开展心育节、体育节、艺术节、社团节、文化节、科技节、家校节七大品牌节活动。详见第七节公民教育体系建设之公民教育的途径"（四）实践育人 1. 主题活动之（1）七大品牌节"。

（七）"十美德"专题教育系列活动

"十美德"教育是以"忠、孝、礼、志、信、勤、俭、善、学、谦"十种美德作为道德品质教育的核心内容的教育，由德育处牵头负责，每月围绕一种美德（9月礼、10月忠、11月学、12月志、1月信、2月孝、3月善、4月谦、5月勤、6月俭）开展国旗下讲话、主题班会、校内实践、美德评价"四个一"主题教育活动，每年围绕十种美德开展班级文化展示、美德之星评选、寒假与暑假实践体验活动等。

（八）生涯规划教育实践体验活动

生涯规划教育贯穿初一至高三，围绕全面认识自己、多维度认识社会、确立恰当的人生目标、制定科学的人生规划、采取积极的发展策略，常态化开展社团课、选修课学习活动，生涯活动周实践体验活动，寒暑假实践体验活动，游学、研学旅行及家长、校友讲堂等活动。

（九）入格教育

每年 9 月，由德育处承办，对新生进行系统的校史教育、校规校纪学习、行为习惯教育、学习习惯教育、军训等入格教育。

第九节　数字化体系建设简述

一、建设概述

在加快教育强国和教育现代化的时代背景下，推进新时代教育信息化发展势在必行。学校秉承"信息化建设服务于学校教育"的理念，注重实用价值。在办学过程中，始终将信息化建设放在首位。

学校作为重庆市信息化建设示范学校、重庆市第一批智慧校园建设示范学校，结合《教育信息化"十三五"规划》《教育信息化 2.0 行动计划》等国家战略，坚持育人为本、融合创新、引领创新的思想，融合现代信息技术，充分利用云计算、大数据、人工智能等新技术，构建适合学校发展需要的信息化支撑系统，助力学校教育、管理和服务的改革发展。

二、完善信息化应用环境，打造信息化示范名校

学校利用双星校区、枫香湖校区建设投用的契机，全面打造信息化环境。学校数字化建设以先进性、前瞻性为目标，校园无线、有线网络全覆盖，教室无线互联，万兆光纤到楼宇，重要设备双链路运行。校园广播数字化，实现了分校区、分年级管理。校园广播站、校园电视台投入使用，满足了学校各种活动的需要。学校设有数据中心和运维中心，高效服务，支撑了学校各类平台。

同时，学校作为全区标准化考试考点，高清监控全覆盖，满足高考、中考、成考等国家各类考试需求。学校三个校区共建设计算机机房 15 间，计算机 750 余台，满足了教学以及培训需要。学校图书馆配套现代化电子阅览室，拓宽了师生阅读面，满足师生线上阅读需要。学校配备了物理、化学、生物等数字化探究实验室，通过信息化手段帮助师生提高动手能力，提高教学效率。

三、智慧校园提升信息化水平

2016 年，学校建成重庆市首批智慧校园示范校。以此契机建设了智慧校园软硬件数字平台，包括高清常态录播系统、智慧课堂教学系统、未来教室、物联网管理系统、

校园办公系统、创客空间等，实现了常态录播系统覆盖所有教室，方便了教师的听课、巡课、评课。2020 年，枫香湖校区投入使用。该校区以科技创新为特色，依托云计算和大数据升级学校智慧校园平台，深化智慧教学、智慧管理运用。

学校信息化的建设和发展促进了师资队伍的成长与优化。课堂改革稳步推进，办学水平显著提高，教师参加各类信息化应用比赛获奖屡创新高，学校信息化水平得到了社会各界的好评。学校以"人人通助推智慧校园应用"为特色，代表重庆市参加全国信息化展示交流活动，获得好评，并被选定为全国人人通校长培训基地，2019 年获评教育部网络学习空间应用普及活动优秀学校，2020 年获评重庆市教育信息化先进集体。

第十一节　学校、家庭、社会联动简述

学校主要通过家长委员会、家长学校、学校与相关部门联动来推进学校、家庭、社会三方互动。

一、学校与家长委员会的联动

（一）家长委员会的组织机构

家长委员会是由学生家长代表组成，代表全体家长参与学校民主管理、学生教育活动，支持学校做好教育工作的群众性自治组织。家委会分为学校家长委员会、校区家长委员会、年级家长委员会、班级家长委员会。班级家长委员会设主任 1 人，委员 2 人，主任、委员由班级家长协商产生；年级家长委员会设主任 1 人，副主任 2 人，成员若干人，原则上应保证不同特色班级或不同选科组合班级各有一名委员，原则上从班级家委会主任中产生；校区家委会设主任 1 人，委员 3 人（原则上为各年级家委会主任或委员）；学校家长委员会设主任 1 人，副主任 3 人，委员 8 人，原则上由各校区家委会成员组成。

（二）家长委员会的职责

定期召开会议；建立家长委员会和学校定期沟通协调的议事制度；为学校发展创设有利环境；在不违背上级文件精神并征求大多数家长同意的前提下，家长委员会有权代表学生家长选择和征订教辅资料、校服、平板等与学生成长相关的教育教学资源；协助开展家庭教育工作；参与学校有关活动；做好宣传工作，营造尊师重教的氛围；组织动员有条件的家长为学生拓展课、社会实践课等提供指导及实践体验等资源。

二、学校教育与家庭教育的联动

学校成立家长学校，开设家长课堂，通过线上线下讲座、论坛等方式，以家长育人经验的交流、家庭育人氛围的营造、亲子沟通、学生职业体验、学生生涯发展规划等为主题，提升家长的协同育人能力。家长学校具体职责：全面贯彻党的教育方针，落实学校的育人理念与育人措施；在家庭教育指导过程中，倡导以人为本、终身学习、发展自我的理念；加强科学管理，提高家庭教育水平，促进家校联系；帮助学生家长树立正确的家庭教育思想和观念；帮助学生家长了解孩子生理、心理特征，掌握科学的教育方法和技能；指导学生家长为孩子的成长创设良好的家庭环境，促进家庭文明建设和青少年的健康成长；让学生家长通过家长学校这一主渠道更加全面地了解学校、支持学校工作。同时学校成立家长委员会，开展家校节、家长会、家访、家长开放日等活动，以增进家校沟通，形成育人合力。

三、学校教育与社会教育的联动

主要邀请教委、交通局、司法局、宣传部、工会、妇联、关工委等部门到学校进行各种宣传教育活动。邀请学习方法指导专家、家校共育专家、生涯发展指导专家、励志教育专家等社会专业教育人士对学生进行教育指导。学校与社会其他组织联合开展社会实践与社区服务，提高学生综合实践能力。通过与社会机构合作，开展特长生培养、研学旅行等活动。

第十二节　后勤服务与安全管理简述

一、后勤服务简述

后勤服务是学校工作的重要组成部分，是学校各项工作高效运转的基本保障。通过开展财务管理、物资采购、基建维修、食堂管理、环境管理等各方面工作，着力为教育教学提供服务，为师生员工提供保障。

（一）抓实财务管理

将财务管理贯穿学校经济业务全过程，以预算为主线，以资金管控为核心，梳理单位层面、业务层面权力清单，严控预算、收支、政府采购、合同管理、建设项目、资产管理实施流程；实行分权制衡机制，采用板块统筹管理、部门牵头形式，合理设置岗位，明确职责划分，相应岗位分离，重大事项实行集体决策和会签制度等；健全学校资金使用审批、报销制度，侧重教学经费投入，压减公用开支，对经费使用实行年度预算约束和项目负责制，助力学校品牌战略全面实施；健全资产日常管理制度和定期清查机制，规范资产记录、实物保管、定期盘点、账实核对等；健全单位财会管理制度，强化会计业务提升，定期开展预算公开、决算公开、预算执行进度月通报等，抓实项目预算年度绩效评价。

（二）规范物资采购

以平台采购为抓手，实行采购管理"四统一"，即统一采购体系、统一基础数据、统一采购流程、统一采购规则。注重多措并举，着力从采购项目审批、采购政策把控、使用需求部门全程参与、过程监督、采购条件设定、抽取专家评标等环节入手，推进物资采购规范化。不断规范物资保管，进一步摸清资产家底，建立台账，做到账实相符；不断规范进出库记录，实行动态管理，降低存量，提升物资使用效能；不断规范日常管理使用，明确责任人，做到厉行节约、物尽其用。

（三）做好基础建设

结合学校发展战略，合理规划校园，不断完善、补充教育配套设施设备，满足不同阶段教育需求；强化日常维护管理，充分发挥全校师生义务报修员、全体后勤人义务巡查员的作用，创新后勤管理形式，丰富后勤管理内涵；坚持问题导向，针对师生反映的重点、难点问题，突出服务重点，推陈出新，打造更加合理、更加注重师生感受的服务模式，保证校园基础设施运行正常。

（四）优化食堂管理

建立健全食品安全管理制度，规范学校食堂管理；强化食堂队伍建设，明确岗位职责；做好成本核算，精打细算，弘扬餐桌文化，引导师生从杜绝浪费转变到"主动制止浪费"；设计营养健康食谱，精心制作菜品，提高餐品质量；加强食品安全卫生管理，注重规范常态化，确保干净整洁；改善食堂配套设施设备，关心关爱食堂员工，激励食堂员工更好服务师生。

（五）提升环境品质

结合学校精神文化内涵，注重学校精神文化与自然景观相融合，打造移步异景、干净整洁、富有情趣的校园环境，激发师生工作、学习热情；做好日常环境管理，划分清洁责任区域，落实保洁、清扫、净化、杀虫、消毒等制度；倡导科学耗能、节约用能，从细、实、精入手，强化师生日常用水、用电监管及设施设备常规保养维护，厉行勤俭节约；强化环境育人，引导师生自觉维护公共卫生，发挥主人翁精神，保持校园环境干净、整洁。

二、安全教育与管理简述

严格贯彻落实上级部门关于加强学校安全工作的相关规定，坚持"尊重规律、预防为主、计亩疏导、处置恰当"的工作理念，针对人身安全、消防安全、交通安全、食品安全、网络安全、财产安全、教学安全、生态安全、心理健康、防溺水、防欺凌等内容加强教育和管理，确保学校的安全稳定。

（一）加强教育培训，提高防护能力

将校园安全教育内容纳入课程体系、德育工作计划、各类活动方案中。在日常教育活动中，切实加强思想政治和法治教育、心理健康教育、安全教育，重视学生的日常行为规范的养成和管理，不断提高全体师生的自我保护意识、自我防范能力。

（二）紧抓"三防"管控，确保校园稳定

坚持以"人防"为中心，以人为本、创新思维，持之以恒地开展安全管理理念、方法和途径等的宣传，提高各板块安全责任人的安全意识和能力，建设出一支高素质的安全人才队伍，筑牢平安校园的基石。

以"物防"为根本，做到标准化管理，全面提高校园安全工作管理水平，加大安全投入，落实安全责任，排除安全隐患，以预防和避免安全事故的发生。

以"技防"为重点，完善安全设备、技术防范措施，确保安全设备运行正常。创新安全工作监管模式，积极推进消防安全隐患排查自动化、重大危险源监控精准化、应急指挥系统科学化，切实维护校园安全稳定。

（三）防范非法行为，保障师生安全

坚持内外联动，维持校园周边环境安全；建立校园伤害（如非法"入侵"、校园暴力等）专项预案，形成管控与处置制度结合的工作机制，制定完善的安全预警、快速反应和联动处置机制，形成保护师生安全的工作合力。

三、医疗、保健与卫生管理简述

（一）医务室职能职责

按照上级部门的要求，结合本校实际，制订学校卫生工作计划，对教职工和学生进行卫生管理。

定期组织开展学生常规体检工作，及时掌握学生体质健康数据，建立学生健康档案，做好"特病"学生的追踪管理。

有计划地培训师生传染病防控技能，负责传染病、疫情数据上报工作。

协助教务处、德育处开展卫生健康教育宣传活动。

配合卫生防疫和有关专业防治机构开展学生常见病、多发病的预防和矫治。

开展简易临床治疗和急救包扎处理，对病情严重的学生做好转诊工作。

（二）健康教育

为培养学生卫生习惯和确保学生掌握基础急救知识，除开设常规健康教育课，还结合社团选修课、生存能力培养、志愿服务等途径，每学期开展不少于 6 次健康教育宣传活动。

（三）传染病防控及突发公共卫生事件应急机制

学校在上级卫生防疫部门的指导下，开展传染病防控及突发公共卫生事件处置工作，严格执行传染病防控各项规章制度。

| 班级与学生 | → | 老师提醒学生发现以下情况应立即报告老师：同一个班级有 3 名以上学生同时发病并有相似症状如发烧、咳嗽、皮疹、腹泻、黄疸、呕吐等。 |

| 班主任 | → | 晨午晚检如发现学生因病缺勤，应做好病因追踪记录，及时填报晨午晚检在线表格。以下情况需立即就医并报告校医：（1）一个班一天内出现 3 名以上相同病症的学生，如发烧、呕吐腹泻、黄疸、出疹等；（2）确诊或疑似传染病。 |

疫情报告人（校医）

德育处

调查核实接报的传染病或疑似传染病情况，情况属实则立即报告校领导、辖区卫生院公共卫生科、中小学卫生保健所。在上级部门指导下做好后续防控工作。

| 学校分管领导 | → | 校长 | → | 教委中小学生保健所
璧泉卫生院公共卫生科
璧城卫生院公共卫生科 |

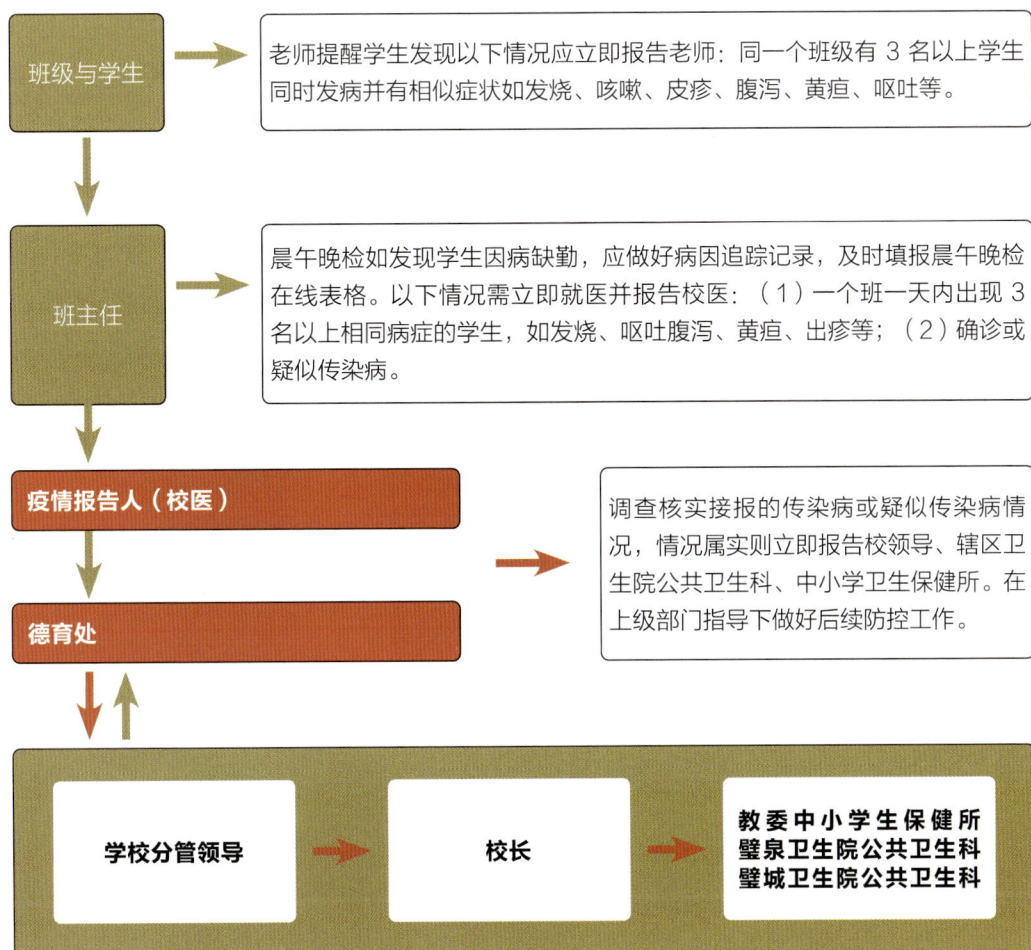

重庆市璧山中学校传染病防控及突发公共卫生事件处置流程图

四、学生公寓、教师公寓管理简述

（一）教师公寓管理简述

教师公寓严格实行教师申请与学校安排相结合的管理方式，主要满足需要在校住宿的值周教师、交流教师、新进教师住宿需求。

（二）学生公寓管理简述

学生公寓是学生休息生活的重要场所。对学生公寓的管理实行生活老师负责、班主任配合制，具体要求以《重庆市璧山中学校学生行为规范》之"就寝礼"为主要标准。

五、图书馆建设与管理工作简述

学校三个校区均有图书馆，建筑面积共约 2.7 万平方米，藏书共 34 万余册，拥有阅览座位 1400 余个，设有自学讨论区、学生阅览室、教师阅览室等功能室，还可承担素养培训、展览讲座等活动。

学校图书馆实行科学化管理，对目前所藏图书全部按照《中国图书馆分类法》进行分类，并输入计算机图书管理系统，实现计算机检索。每学期进行一次图书清查，做到账物相符。新购进的图书一律在计算机图书系统中进行分类、编目、登记，并尽快上架流通。同时，学校图书馆采用开放式借阅，在每个书柜编注小柜号，方便查找图书所在位置，图书借阅十分便捷。

第十三节　校本教研科研简述

　　校本教研科研是以校本发展过程中所遇到的各种具体问题为研究对象，以教师为研究主体，以教育问题为出发点，以校本发展为根本目的所开展的教育研究。校本教研科研有利于理论与实践、自主研修与交流互动相结合，促进合作共享的校内科研氛围的形成；有利于展现教师的全新角色，促进教师专业化发展；有利于解决教育教学工作的热点、难点问题，促进学校可持续高质量发展。

一、校本教研科研的基本原则

（一）以校为基的原则

　　以校为基，即校本教研科研要以本校发展过程中所遇到的各种问题为研究的基点，以改进学校实践、解决学校自身所面临的问题、促进师生的可持续性发展为目的。

（二）以学为本的原则

　　"学"指教师的专业化成长和学生的学习，且以学生的学习为主。学校以教师为本，教师以学生为本，学生以学习为本。教学工作是学校的核心工作之一，校本教研科研必须有利于教学工作的顺利进行，以学生的学习为本，遵循学生的心理发展规律，从学生学习的层面分析、研究学生在学习与发展中所遇到的问题，以便更好、更有效地引导学生主动地学习。

（三）与教师专业化成长相结合的原则

　　教师是校本教研科研的主体力量，又是校本教研科研的受益者。校本教研科研是培养教师的重要途径。教师投入校本教研科研，在校本教研科研中改变教育观念，把握教育规律，发展自己的素质，成长为具有良好师德、现代教育专业水平的学者型、研究型教师。

（四）注重实效的原则

　　作为教育科学研究，讲究一定的科研形式是必要的，但是校本科研和公众教育科研由于其服务对象、目的和价值评价方式不同，所以要求也大有差异。对于校本科研，其服务面仅仅是本校，淡化形式，注重实质，有利于减少无用功，节约资源，能更加有效地调动教师科研的积极性，缩短科研运作周期，增大科研效益，降低科研成本。当然，为了保证研究结果的科学性，校本科研也要遵循必要的科研规范。

（五）教研融入科研的原则

教研是教学研究的简称，是教育科学研究的组成部分之一，是最低、最基础的教育科学研究。教研是种概念，是"儿子"；教育科研是属概念，是"父亲"。学校致力于有效推动主题化教研活动，为课题研究创设良好的科研氛围，努力实现教研融入科研、科研包含教研。教研不仅是教师的日常工作，也是教师开展教育科研实践的起点、基础和平台。教师在教研中得到科研理论的支撑，在科研中得到教研的实践验证，两者相辅相成。

二、校本教研科研的内容与方式

（一）建设"三人行"教研共同体

将全校教师分为三人一组的教研共同体，教师 A 负责组织教研，教师 B 负责备课、上课，教师 C 负责研课磨课和成果物化，一段时间后，三位教师的角色可互换。每学期进行一次三人行教研展示活动，在全校进行课堂展示和教研展示。

（二）开展打造优质常态课活动

每周学术委员会开展"寻找优质常态课"活动，每周评选出的优质常态课进行全校展播，并认真点评，以促进"生长课堂"的落实。

（三）评选优秀教研组、备课组

每学期进行一次优秀教研组、备课组评选，针对学校学科教研组建设的四大维度进行考评，结合每次教研周报入选的优秀备课组、备课检查等综合考评，每学期评选出 3 大优秀学科组、10 大优秀备课组。

（四）每个学科组建市级赛课磨课团队

在学科组内选择最优秀的 6 名教师组成市级赛课核心磨课团队，对每次参加市级赛课的老师认真磨课。

（五）开展"走出去、请进来"活动

选派教师到北京、上海等地参观学习，开阔眼界，活跃思维，更新观念。邀请全国的知名专家来校作专题讲座或指导具体的教学、科研工作等。通过"走出去、请进来"

活动，促进教师们观念逐渐更新、教学方式变得多样、教学能力得以提升。

（六）开展"学科教研月"活动

学科教研月活动是"自我培养""深度教研"和"以研促教"策略的具体形式。坚持每学期初、高中各开展一次，文、理科分轮进行，每轮 1 月，每日备课组内全员集体有序跟班随堂聆听示范教师的授课，紧紧围绕"三段式"教研开展专题活动。

（七）开展"青蓝工程"结对指导活动

为帮扶青年教师快速成长，学校对新入职教师开展为期三年的"青蓝工程"结对指导活动。"青蓝工程"分两个类别进行：一个类别是教学工作中的指导，培养新就职的青年教师，指引他们快速成长；另一个类别是班主任工作的指导，带领新担任班主任的老师迅速地熟悉班级管理工作。

（八）组织多样的赛课活动

学校每学期组织新教师上汇报课，中青年教师上公开课，名师上示范课，组内教师共同备课、磨课，上好教学研究课。学校每年还要举办青年教师"风采杯"大赛，要求 35 岁以下的教师积极参赛。在各类教研活动的基础上，学校组织学科教师、青年教师进行各类说课、赛课活动。通过赛课，推介组内教学能手，让教师专业化发展成为教研新常态，促进教师教学技能的提高，打磨市级和国家级的赛课团队。

（九）组织学术沙龙和学术交流活动

为推动教师的专业化发展和高效课堂建设，学校每年会开展主题多样的学术沙龙活动。邀请全国各地的知名专家到校进行学术交流。学术沙龙和学术交流创设了和谐浓厚的科研氛围，其灵活多样的活动方式，实现了科研与培训并举，主研与群研结合，行为与理念互动，研究与使用统一，唤醒了教师的科研主体意识，促进了教师的教育观念、教学行为的全方位变革，为教师的成长提供了肥沃的土壤。

（十）把校本教研活动与课题 / 项目研究结合起来

把课题 / 项目研究的相关内容在校本科研活动中研究解决，把校本科研中的有关成果收集到课题 / 项目研究中来。把校本研究活动变成课题项目研究的实现形式，把课题项目研究落实到校本研究活动中，由此把本校学习研究中遇到的问题转化为市级和国家级课题项目。

三、校本教研科研的评价

（一）校本教研科研评价的内容

学校从以下几个方面对教师的教研科研能力进行评价。

1. 课程资源开发的能力

新课标赋予了广大教师课程资源开发和改造的重要任务。如果教师不进行课程资源开发，就很难进行新课标意义下的课堂教学。所以，在校本教研科研中，课程资源的开发和改造是一项重要任务。

2. 教学设计的能力

教学设计是教师根据一定的教学理论，根据教材实际和学生实际，对各个教学环节和要素进行结构化处理的过程，是对教学过程进行整体构思的过程。

3. 高效教学的实施能力

课堂教学是学校的奠基石，是立校之本。高效教学旨在最大幅度提升单位时间教学效益。教师的课堂教学要促进学生思维水平的提高，促进学生创新力的提高，促进学生自主学习和合作学习能力的提高，促进学生收集处理信息能力和获取知识能力的提高，促进学生个性的发展等。教师只有提高课堂教学效率，才能为师生健康成长和学校科学发展奠定坚实基础。

4. 对学生的综合影响能力

教育是爱，它意味着尊重、理解和宽容；教育是艺术，它用特有的方式唤醒学生的良知、沉睡的心灵和智慧。因此，教师要让每个学生抬起头说话，让每个学生体验到学习的快乐，让每个学生健康成长。优秀的教师可以促进学生在德智体美诸方面都获得充分发展，可以充分激发学生潜力，并对学生的生活产生持久的、综合的影响。

5. 教学反思与评价的能力

教学反思与评价是教师对自己教学实践的自我诊断、形成理性思考的过程，是检验教师专业化发展水平的标准之一，是教师素质自我完善的必要手段，是教师教学基本功的体现，是教师发展与进步的重要标志。

6. 教学和科研成果总结、提炼的能力

新时代需要研究型教师。研究型教师的重要特征就是善于学习和研究，善于实践和反思，善于思考和借鉴，善于总结和提炼。总结和提炼是教师自我发展、自我完善的一个重要手段和途径。校本科研功能之一是要提升教师教学和研究成果总结、提炼的基本能力，要提炼出对教育实践理性思考的科学成果。

（二）校本教研科研评价的方式

1. 校本教研评价

在校本教研管理中，学校强调过程跟踪和精细化管理。通过领导带队，开展对校本教研的常规性巡查和行政领导蹲点式教研。通过网络系统，对校本教研的每个活动进行视频录制，然后邀请学术委员会的学科专家进行点评和评比。每周根据校本教研情况，教科处撰写教研周报，通报每周每个备课组的校本教研的亮点和不足。每周五教科处协调分管教科工作的年级组副组长组织各备课组长开短会，通报本周校本教研的不足和扣分情况，并要求尽快纠正。

2. 校本科研评价

对教师在科研工作中取得的较好的成果，如取得的课题研究成果、参与学术交流活动时提供的交流成果等，均有奖励。学校把教师高度关注的评优评先、评职晋级等关系到切身利益的工作与参与校本研究的情况联系在一起。

第十四节　学校发展性评价体系建设简述

一、评价的理念

（一）理念

公平、多元、精准、发展。

（二）释义

公平： 是指对待、评价教师和学生公平；对学生教育起点公平，对教师教学起点公平；对师生教学和学习过程公平；对教师考核结果和学生学业水平评价公平；对学校管理制度执行公平等。

多元： 第一，评价对象多元。评价的客体涉及学校不同的学生、教师、部门，还有学校的方方面面。第二，评价目标多元。评价目标包含宏观性目标、中观性目标、微观性目标，通识性目标、差异性目标，长远性目标、阶段性目标等。第三，评价标准多元。根据评价客体具体情况的不同，适度拔高，确定不同阶段、不同层次的评价标准。第四，评价内容多元。对学生从德智体美劳全方位进行评价，对教师从师德师风、教育教学、科研教研等全方位进行评价，对学校从精神文化、教育教学、后勤管理全方位进行评价。第五，评价类型多元。做到定性评价和定量评价相结合，起点性评价、过程性评价、终结性评价（总结性评价、结果性评价）相结合，相对性评价和绝对性评价相结合，静态性评价和动态性评价相结合。第六，评价方法多元。根据需要，综合采用或单一采用档案袋评价法、绩效评价法、问卷评价法等。

精准： 是指在评价工作中做到简明、精准、易操作。

发展： 基于评价对象的通识性和差异性，体现增值性评价，通过评价推动被评价者的可持续发展。

二、评价的目的

以提高教学效能、促进教师专业化成长、促进学校较快发展为开展学校各项评价的根本目的。

通过学校对教师的评价体系，来引导教师提升自身学习能力、教学探究能力、课程开发能力、管理协调能力；通过学校对学生的评价体系，引领全校学生成为具有"璧玉之德、江海之知、大成之能、缙云之体"的优秀璧中学子；通过学校的管理评价体系，提升治理水平。通过综合性的、发展性的评价工作，推动学校快速发展，力争在 2026 年前把璧中建成具有鲜明璧玉品格、山岳精神的中华名庠。

三、评价的原则

（一）鉴定性评价与增值性评价相结合的原则

关注学生学业水平，关注学校各处室、年级组、备课组、教师、学校中高考等各项绩效考核指标合格程度的同时，要关注学生德育、体育、美育和劳动实践能力的提高，关注教师心理成长、教研科研水平的提高，关注学校各处室、年级组、备课组团队建设水平，关注学校精神文化建设的进步程度，科学评判各评价主体的长远发展情况。

（二）专项评价与综合性评价相结合的原则

对教师教学水平，学生学业水平，处室、年级组、备课组管理水平开展专项评价。在专项评价的过程中重视各个评价主体的起点和发展过程中的各种问题，重视个性差异和发展的多样性，注重评价过程中评价双方的沟通与交流，公正、平等地开展专项评价工作。同时注重差异性和多样性，关注每一评价主体的特色发展和个性发展，用发展的眼光，依据璧山中学绩效考核办法，精准地对每一个评价主体开展综合性评价。

（三）自我评价与他人评价相结合的原则

充分发挥学校各处室、年级组、备课组、教师和学生的主体作用，在坚持公正、平等、精准、发展的评价理念下，坚持客观、实事求是的态度，从实际出发，依据学校各项规章制度，对学校各处室、年级组、备课组、教师和学生作出客观、准确的评价，进一步增强各评价客体的自我反思、自我调控、自我完善、自我发展的能力，调动其积极性、主动性和创造性，通过全员的参与，激活学校发展的内在动力。同时，强调他人评价，具体包括下述几种形式：在学校各处室、年级组、备课组、教师之间开展互相评价，建立起互相信任、密切合作的工作关系，形成平等合作、相互协商、共同研究的氛围；接受璧山区委、区政府和教育主管部门的评价；接受区委、区政府和区教育主管部门委托第三方组织开展的评价；热诚欢迎社区组织、家长、学生有序参与对学校的评价。自我评价与他人评价协调推进，形成由校内外力量共同构成的高效评价机制。

四、评价的主体

党、政府、学校、校内的相关组织（年级组、学科组、督导室）、教师、学生、学生家长、第三方评价机构或组织等。

五、评价的客体

学校、校级领导、中层干部、校内的相关组织（年级组、学科组等）、教师、学生等。

六、评价的内容

（一）按学校业务工作领域来确定评价的内容

评价内容包括学校文化体系建设工作评价，学校管理工作评价，教师队伍建设工作评价，学校课程体系建设工作评价，高效教学体系建设工作评价，公民教育工作评价，学校教育数字化工作评价，学校教育国际化工作评价，后勤服务与安全管理工作评价。

（二）按"五育"来确定评价的内容

德：教师师德师风；班级考核评价、班主任考核评价、学生操行评定、学生综合素质评价。

智：教师教学成绩、科研成果；学生的知识掌握、能力形成的具体情况。

体：教师在大课间、体育课、学生体育活动上的授课情况；学生体考成绩、高水平运动员获奖情况、学生身体素质综合报告。

美：教师传授美学知识、培养审美观念和感知美、鉴赏美、创造美的能力；学生音乐、美术、美学、文学和社团选修课的成绩。

劳：教师劳技课授课情况；学生劳动实践情况。

（三）按评价客体的性质来确定评价的内容

评价内容包括对学校综合、整体工作的评价；对学校某一部门工作的评价；对教师个体的评价；对学生个体的评价。

七、评价的方式

学校主要采用以下几类评价方式。

（一）根据评价机能分类

1. 诊断性评价

"周周清"小测、月考、半期考、期末考、学业水平考试、中考、高考。

2. 过程性评价

在教学过程中随机开展各种反思与评价活动。

3. 总结性评价

包括但不限于：教学成绩等次的划分、年度考核、优秀教师评选、优秀教育工作者评选、优秀班主任评选、各类先锋岗评选、优秀学生评选、优秀学生干部评选、各类十佳之星评选。

（二）根据工作领域分类

按照学校各项考核制度，对学校文化体系建设工作、学校治理工作、教职工队伍专业化发展工作、课程体系建设工作、高效教学体系建设工作、海外课程教育、德育与意识形态工作、科研工作、后勤服务工作、安全管理工作进行评价考核。按照学校各项考核制度，对中层部门、年级组、备课组、教师、学生、后勤职工开展绩效考核评价。

八、评价的方法

综合督导评估法、标准测验法、非标准测验法、问卷评价法、观察评价法、访谈评价法、自我评价法、档案袋评价法、绩效评价法等。

九、评价结果的使用

　　把测评结果及时运用到对学生、教师、学校有关部门和组织评优评先等活动和教师的绩效考核中，激励其成长与发展。

Ⅰ Ⅱ Ⅲ Ⅳ   形象文化子系统

学校形象文化是学校文化的外在具体展示和表现，能给学校成员与社会公众一种直观的感性认识，是学校文化的一个重要组成部分。

形象文化对一所学校来说，是重要的无形财富。一所有知名度和美誉度的学校，其形象是不言而喻的，形象文化已为人熟悉且内化于心，泽被师生。

璧山中学形象文化体系完整、丰富、庞大，分为基础性视觉要素、听觉要素、可移动用品的设计、物质与人文环境、校服、各种校办媒体6个部分。

"内强素质、外塑形象"，是璧山中学不懈的追求。学校围绕"璞石化璧、厚学如山"的办学核心理念，全员、全程、全方位育人，让每一面墙都说话，每一个声音都悦耳悦心，每一张纸片都带着"璧玉"教育的信息，每一个图案都包含浓浓的育人氛围。

这些具有璧中特质的形象文化子体系中的各要素，共同体现了真善美的统一，精妙绝伦，是新时代璧中人精气神的具体外现。

第一节　基础性视觉要素

一、校名

我校校名全称为"重庆市璧山中学校"，简称"璧山中学"或"璧中"。

（一）校名简称的中外文标准字

BISHAN SECONDARY SCHOOL

校名简称的中外文标准字

（二）校名使用规范

第一，任何部门和个人不得随意更改校名标准字的字体、颜色和组合方式；

第二，各部门应高度重视校名标准字的规范使用，在制作文化产品（如名片、网站、宣传品、PPT 模板、文化纪念品等）时应规范使用校名标准字；

第三，学校标准字属学校无形资产。未经授权，校外任何单位和个人不得擅自使用，违者应承担包括侵犯知识产权等在内的法律责任。

二、学校的标志

（一）学校标志图形

标准色：

红色 CMYK
C: 40 M: 94 Y: 87 K: 5

| 100% | 90% | 80% | 70% | 60% | 50% | 40% | 30% | 20% | 10% |

橙色 CMYK
C: 28 M: 53 Y: 84 K: 0

| 100% | 90% | 80% | 70% | 60% | 50% | 40% | 30% | 20% | 10% |

校徽　　　　　　　　　　　　　　校徽标准色

璧山中学校徽，意扣"璧山"二字，深刻地反映学校的办学核心理念——璞石化璧、厚学如山。中间黄色的部分弯曲如山，"山"喻书山。校徽中半圆形象如玉，璧山因"山出白玉"而闻名。"玉"喻意有君子之德，为君子所爱，君子如玉。红色的半圆形象也如太阳，寓意璧山中学如日出东山，冉冉高升，光耀四方，越来越有影响力。

（二）学校标志图形与中外文标志字体组合规范

横式组合

上下组合

竖式组合

（三）璧山中学文创图案

璧山中学文创主图

璧山中学文创副图

（四）璧山中学校园 IP

LITTLE HOUSE OF HEAVEN

BISHAN MIDDLE SCHOOL CHARACTER

姓名:璧灵儿　　　NAME

职业:璧山中学小书童　YUTANG

爱好:书画　　　　BOOK

性格:积极乐观/精益求进　BE POSITIVE

More Than Gift

璧山中学校园
IP：璧灵儿

LITTLE HOUSE OF HEAVEN

BISHAN MIDDLE SCHOOL CHARACTER

姓名:璧霄霄　　　NAME

职业:璧山中学小书童　YUTANG

爱好:骑射　　　　SPORTS

性格:坚韧不屈/精忠报国　LOYALTY

More Than Gift

璧山中学校园
IP：璧霄霄

（五）璧山中学 PPT 模板

璧山中学 PPT 课件模板第一套

璧山中学 PPT 课件模板第二套

三、班徽、臂章

初 2023 级 A1 班班徽

寓意乘风破浪

初 2021 级 2 班

寓意如龙一样自信与傲气

初 2021 级 3 班校徽

寓意不积跬步, 无以至千里; 不积小流,
无以成江海

初 2021 级 17 班

寓意播种希望, 健康成长

初 2021 级 20 班班徽

寓意王者归来

初 2021 级 18 班班徽

寓意激情燃烧

四、学校文化性印章

文化性校章

作业批改章分为四种,对应学生不同的作业状况,简单明了,给学生以激励,同时给学生的学习增加一丝轻松的氛围。

作业批改章

五、校花

校花名称: 玉兰花（又名望春,别名玉堂）。

生物特征: 木兰科玉兰亚属,落叶乔木。

花　　语: 平时默默无闻,一开花则绚丽夺目,惊艳四方,寓不鸣则已,一鸣惊人。

Bishan
Secondary
School

六、校树

校树名称： 玉兰树。

生物特征： 木兰科玉兰亚属，落叶乔木。

树　　语： 玉兰树高贵、美丽和纯洁，生生不息，常喻作君子之形与德。

七、校旗、班旗

校旗

班旗

高一年级 A8 班班旗

八、学校的标准色和辅助色

（一）标准色

学校建筑以古朴但不抢眼的青灰色为主色调。因为青灰色是中立性的颜色，可以和任何颜色搭配，并且让其他颜色更突出、更好地融入到以中国传统建筑风格为主的园林化校园中。

（二）辅助色

学校的辅助色为橙色。辅助色在六艺馆、教学楼等处起点缀作用。自然界中，鲜花果实、霞光、灯彩、太阳等都有丰富的橙色。橙色是欢快活泼的热情色彩，是暖色系中最温暖的颜色，具有活泼、丰收、华丽、健康、兴奋、温暖、欢乐、热情的情感导向。

九、校名、校徽的使用范围及注意事项

（一）校名、校徽的使用范围

1. 办公用品系统　名片、信笺、信封、便笺、传真纸、电话记录本、文件袋、档案袋、教案、备课本、笔、笔记本、文件夹及标准文本等。

2. 事务用品系统　工作证、学生证、结业证书、肄业证书、荣誉奖牌、荣誉证书、聘书、奖学金证书、捐赠证书、录取通知书、工作挂牌、记者证、采访证、车辆出入证、校徽、设备设施标牌、奖杯、奖牌、资料架、意见箱、校旗、桌旗、挂旗等。

3. 公文系统　党委文件、行政文件、会议纪要、工作简报、介绍信、合同书、公文纸、函件、PPT 课件模板等。

4. 会务系统　横幅、条幅、会议主席台背景板、演讲台、展览会标板、易拉宝、会议桌签、会议证件、来宾证、来宾吊牌、工作人员胸牌、会议指示系统、接站牌等。

5. 公关用品系统　请柬、邀请函、电子贺卡、手提袋、包装纸、包装盒、纸杯、瓷杯、烟灰缸等。

6. 宣传系统　学校网站、招生简章、宣传材料封面、光盘、海报、校园展板、大型路牌、灯箱广告、空飘、道旗等。

7. 服饰系统　教职员工服饰、礼仪人员服饰、教学科研工作服、保安服饰、炊事服饰、志愿者工作服、运动服、工作马甲等。

8. 环境系统　公共设施标识、公共指示标识、校园总平面图、公共区域多向指示、公共区域位置标识、道路名称牌、道路方向指示牌、校内古建筑标牌、公共区域单位机构名称牌、单位机构名称牌样式、公共区域宣传告示栏、学生公寓楼栋号、户外温馨提示牌、户外垃圾箱、大厅接待台、形象墙、大厅欢迎牌、公共区域首层总索引、公共区域楼层索引、楼层号、公共区域室内科室牌、教室门牌、洗手间位置标识牌、室内温馨提示牌、落地玻璃门防撞贴等。

9. 车辆系统　大巴车、中巴车、面包车、电瓶车等。

（二）有关注意事项

为保证学校校名、校徽的权威性、识别性和统一性，任何部门和个人不得擅自更改校名标准字体、校徽的字体、颜色和组合方式等。

十、学校形象

（一）教师形象

精神饱满　面带笑容

发　型　短发，保持头发的清洁整齐。

胡　须　经常整刮胡须。

衬　衣　要求衬里不外露，衬衣袖口的长度应长于西服外套袖口 1~1.5 厘米，白色、浅色或单色，无污染。

领　带　紧贴领口，美观大方。扎领带时必须系好风纪扣，如解开风纪扣则必须取下领带。

徽　章　应佩戴在左侧心脏的正前方。

西　装　蓝色单排扣西装外套，应平整、整洁，口袋不放物品，衣袋要对称，领口、袖口无污迹，一般只扣上面第一粒纽扣，如果扣两粒纽扣则扣上面和中间的两粒；西裤平整，有裤线。

指　甲　经常修剪指甲，不得有污垢藏于指甲缝。

袜　子　黑色或深色袜子。

鞋　子　应着黑色皮鞋，清洁光亮，无明显灰尘。

文件包　当着西服、系领带时，不得将文件包的背带置于肩上，一般应手持文件包或者将文件包夹于腋下。

服　饰　当着西服、系领带时，服装和必要的装饰的颜色总数一般不超过三种。

男教师形象

精神饱满 面带笑容

发 型 文雅、庄重，梳理齐整，长发可盘起来或用发卡梳理好。

化 妆 化淡妆，严禁浓妆艳抹。

上 装 穿正规服装，要大方得体，穿蓝色单排扣西装；一般扣上面的一粒扣子，如果是三粒扣，也可扣上面和中间两粒扣子。

下 装 裙子长度适宜，站立时应能遮盖大腿的四分之三以上。

衬 衣 着浅蓝色衬衣，衬衣的下沿应置于裙子或裤子的里边，做到衬衣下沿不外露。

指 甲 不宜过长，要保持清洁，涂指甲油时只能用淡色、浅色。

袜 子 色调相宜无破损。

鞋 子 光亮、清洁，上课时不宜穿后跟较高的、有金属底的鞋子，以免形成较为响亮、持续不断的走路声。

女教师形象

（二）学生形象

仪表端庄自信阳光

发　型　男生不留长发，前不遮眉，侧不过耳根，后不扫衣领，不梳分头；女生不得披头散发，禁止烫发、染发、留怪异发型，禁止化浓妆和佩戴首饰。

校　服　在校必须穿着成套校服，校服必须穿在外面；以班级为单位集体外出开展活动，必须统一穿着校服；不得在校服上吊挂饰物、写字或涂画，也不允许修改校服；穿着校服要整洁，上衣拉链位置不得低于领口以下15厘米处。

背　心　男生不得仅穿背心，女生不得仅穿吊带及透明服装。

指　甲　不留长指甲。

裤　裙　男女生裤裙长度适宜，站立时应能遮盖大腿的四分之三以上。

鞋　子　学生在校期间必须穿运动鞋，女生不得穿高跟鞋。

男女学生形象

第二节　听觉要素

一、校歌

璧山中学校歌

词曲：璧中教师

1=F 2/4

♩ = 100

（i· ｜ i ｜ 6 5 ｜ 6· 5 6 3 ｜ 2 — ｜ 5· 6 5 3 ｜ 2 1 2 ｜

1 — ｜ 1 — ）‖： 1· ｜ 1 ｜ 3· ｜ 2 ｜ 1 ｜ 1 ｜ 5 ｜ 1 ｜
　　　　　　　　金　　剑　巍　　巍，　碧　水　悠　悠，

3· 3 ｜ 5· 4 ｜ 3 0 2 0 ｜ 3 0 ｜ 1 1 1 ｜ 1 3 ｜
江　山　郁　绿　富　深　秀，　　　轩　槛　临　高　丘，

2· 1 2 3 ｜ 5 ｜ 2· ｜ 3 6 5 ｜ 3· 1 2 ｜ 2 — ：‖
岁　月　峥　嵘，　莘　莘　学　子　斯　地　藏　修。

1 — ｜ 6· 6 6 i ｜ 7 7 5 ｜ 6 — 6 — ｜ 6· 6 6 i ｜
修。　正　心　博　识　卓　能　强　体，　　　桃　李　芬　芳

7 5 ｜ 3 — 3 — ｜ 2· 3 4 6 ｜ 5 4 3 4 ｜
飘　九　州，　　　璀　璨　星　辰　耀　四

5 — ｜ 6· 6 6 i ｜ 7 6 ｜ 5 — 5 — ‖： i· ｜ i ｜
海，　科　教　兴　邦　壮　志　酬。　　　一　　路

6 5 ｜ 6· 6 6 3 ｜ 2 — ｜ 5· 6 5 3 ｜ 2 1 2 5 ｜
豪　情　云　飞　扬，　民　族　振　兴　责　重　厚。

3 — ｜ i· i 6 5 ｜ 6· 5 6 3 ｜ 2 — ｜ 5· 6 5 3 ｜
修　身　治　国　平　天　下，　揽　月　飞　天

2 1 2 ｜ 1 — 1 — ：‖ 1 — ｜ 5 6 7 — 7 6 5 i — 0 ‖
遨　苍　穹。　　穹。　惜　青　春，　勿　夷　犹。

校歌使用规范：

应用于学校重要会议、大型活动、党团组织生活和班级活动过程中；

奏唱校歌应当按照学校规定的歌词和曲谱来奏唱，不得采取有损校歌尊严的奏唱形式；

奏唱校歌时，在场人员应当肃立，举止庄重，不得有不尊重校歌的行为；

校歌不得用于或者变相用于商标、商业广告，不得在私人丧事活动等不适宜的场合使用，不得作为公共场所的背景音乐等；

在公共场合，故意篡改校歌歌词、曲谱，以歪曲、贬损方式奏唱校歌，或者以其他方式侮辱校歌的，学校行政部门可以给予相应的处分。

二、教学常规音乐

1.《标准中小学上课铃声》

2.《共产儿童团歌》

3. 提示语音

如"同学们，上课时间到了，请有序回到教室"等。

三、日常作息音乐

（一）起床

《劳动最光荣》

（二）晨会

《Mozart 第 13 号 G 大调小夜曲 K525》

提示语音：青春飞扬，梦想起航，璧山中学班级晨会现在开始。

（三）就餐

提示语音：请同学们有序就餐。

（四）午休

提示语音：温馨提醒，同学们现在开始午休。

（五）熄灯就寝

提示语音：夜已深，请同学们熄灯休息。

四、仪式活动音乐

（一）升旗仪式

除假期外，每周一由国旗班带领，举行升旗仪式。在大型庆祝、纪念活动，大型文化、体育活动等也会举行升旗仪式，奏《义勇军进行曲》和《重庆市璧山中学校校歌》。

（二）离队入团仪式

离队仪式是初三年级离开少先队组织，向着更高的目标迈开青春的第一步。入团仪式是新团员加入中国共产主义青年团所举行的仪式。

1.《光荣啊 中国共青团》

2.《中国少年先锋队队歌》

（三）颁奖仪式

教师表彰大会及学生表彰大会，如教师节对学校有特殊贡献的教师予以表彰，文艺活动突出表演者予以颁奖等。

1.《万宝路进行曲》

2.《成功之路——运动员进行曲》

五、特色活动音乐

（一）大课间

1. 进出场

《跑操音乐》。

2. 跑操

《跑操音乐》。

3. 广播体操

《第三套全国中小学生系统广播体操》。

（二）自编操

《少年》。

（三）眼保健操

《2008版社保版眼保健操》。

使用规范：各音乐严格按照活动属性使用。

第三节　可移动用品的设计

一、学生使用的可移动用品的设计

（一）录取通知书

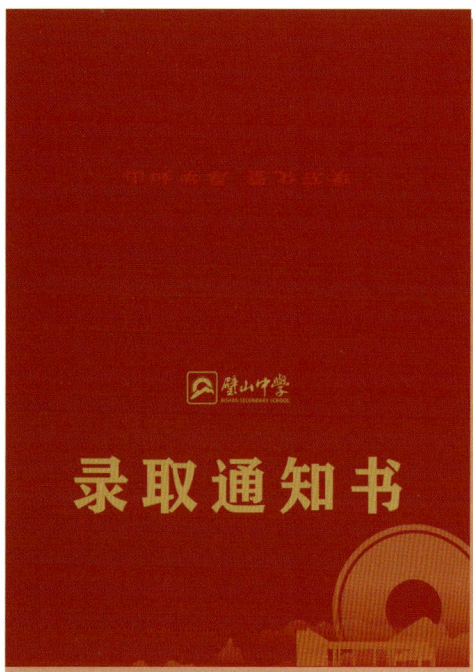

录取通知书正面

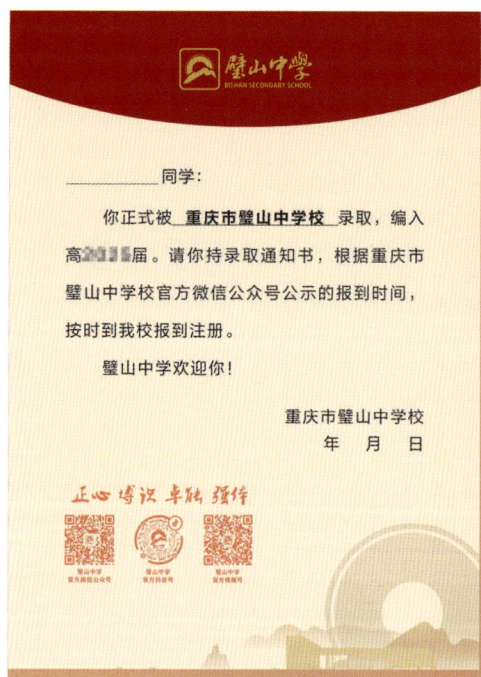

录取通知书反面

（二）学生证

（三）学生就餐卡

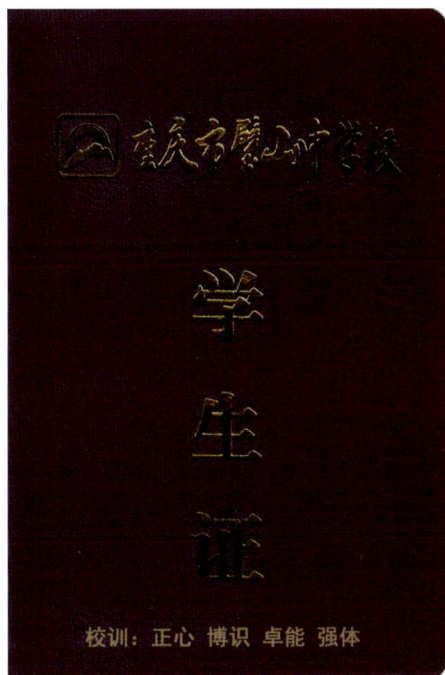

学生证

学生就餐卡

（四）学生作业本

学生作业本（英语本、作文本、作业本）

（五）毕业证书

重庆市普通高中毕业证书

（六）学生袖套（袖章）

学生袖套（纪检部、国旗班、社团部）

（七）学生请假条

璧山中学学生请假条		
高（初）　　级　　班		姓名：
离校时间：		返校时间：
请假事由： 　　　　　　　　　　　　　　　　　班主任： 　　　　　　　　　　　　　　　　　　　年　月　日		

学生请假条

二、办公、教学和教职工使用的可移动用品的设计

个人工作笔记本

公用会议记录簿

红头文件纸

信笺

信封

流动红旗

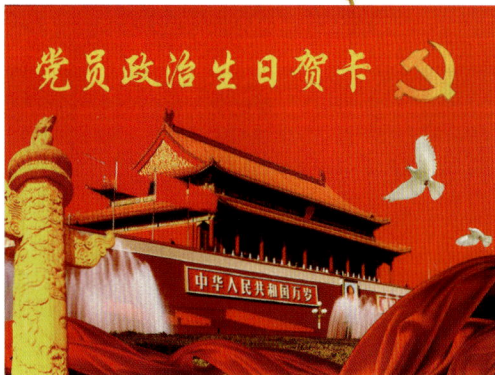

问候卡

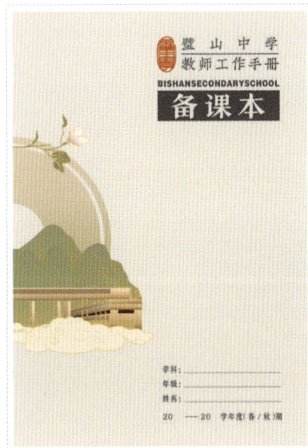 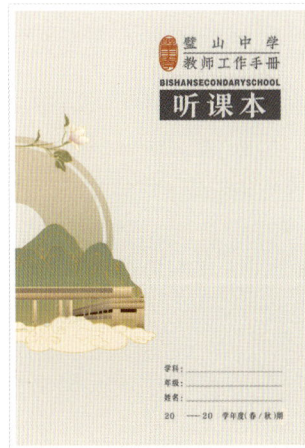

备课本 听课记录本

  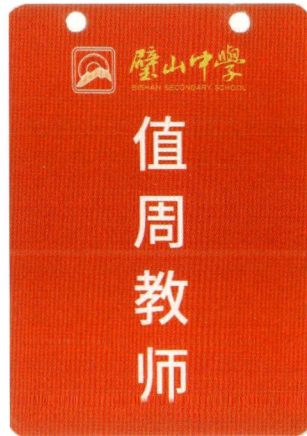

教职工值周工作牌

车辆出入证正反面 教师就餐卡

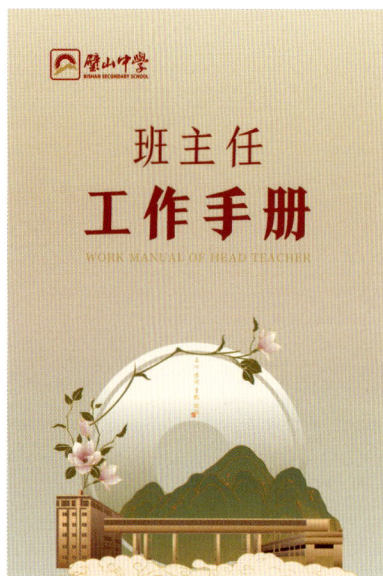

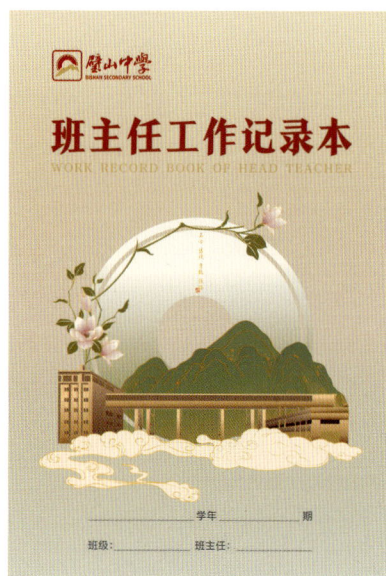

班主任工作手册　　　　　班主任工作记录本

三、后勤和安全方面的可移动用品的设计

茶水用具（纸杯）

安全提示语言

四、公关方面的可移动用品的设计

文化衫

长款 T 恤

色值：C:25 M:15 Y:24 K:0
色值：C:62 M:8 Y:36 K:0
色值：C:38 M:85 Y:100 K:3
色值：C:19 M:58 Y:80 K:0
色值：C:80 M:26 Y:69 K:0
色值：C:55 M:0 Y:99 K:0
色值：C:49 M:97 Y:100 K:24
色值：C:28 M:53 Y:84 K:0

徽棒球帽

丝巾

领带

运动围脖

钥匙扣

白帆布袋

旋转 U 盘

实木屏风镇纸

日历包装　　　**赠礼手提袋**

鼠标垫

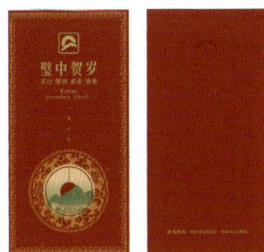

红包

笔记本

A7 线圈本

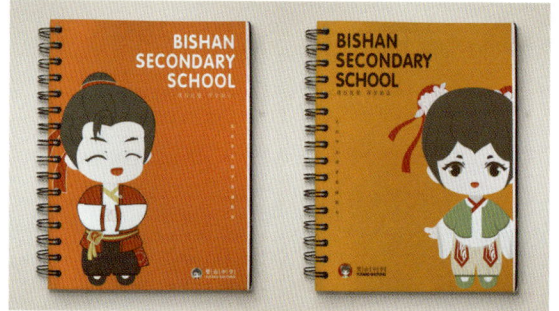

A5 线圈本

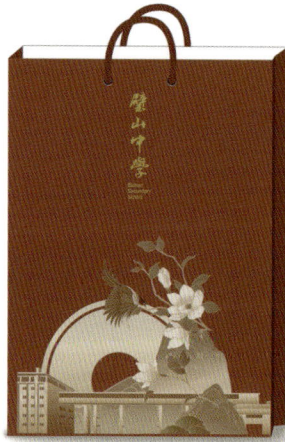

手提袋

部分选修课读本

宣传册、文化专刊（纸质）

重庆市璧山中学校
全面介绍 .mp4

厚重壁中 .mp4

**宣传片、文化专片
（数字化）**

校志

师生名录

第四节　物质与人文环境

一、学校全景图

学校现有双星校区（高中部）、东林校区（初中部）和枫香湖校区（初中部）三个校区，占地总面积 640 余亩，建筑总体量 42 万平方米。其中高中部占地 360 亩，总建筑面积 22 万平方米，是中国传统建筑风格的花园式学校。

双星校区

东林校区

枫香湖校区

二、建筑物色调

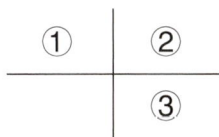

① 双星校区以灰色为主调

② 东林校区以咖啡色和灰色为主调

③ 枫香湖校区以灰色为主调

三、校门、门卫室

双星校区

南门	西门	
东门		北门

东林校区
校门

枫香湖校区
校门

四、校内建筑物

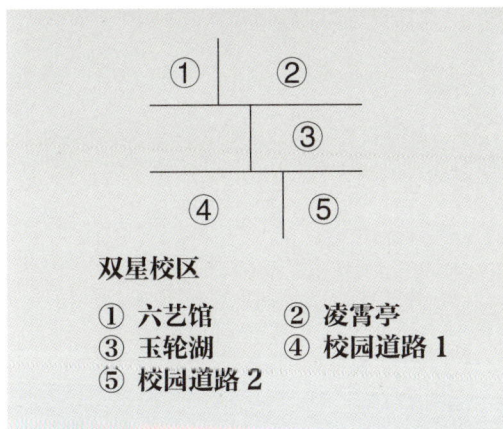

双星校区

① 六艺馆　　② 凌霄亭
③ 玉轮湖　　④ 校园道路 1
⑤ 校园道路 2

五、旗台、主席台、颁奖台

① 双星校区旗台
② 东林校区旗台
③ 枫香湖校区旗台
④ 双星校区主席台 / 颁奖台
⑤ 东林校区主席台 / 颁奖台
⑥ 枫香湖区主席台 / 颁奖台

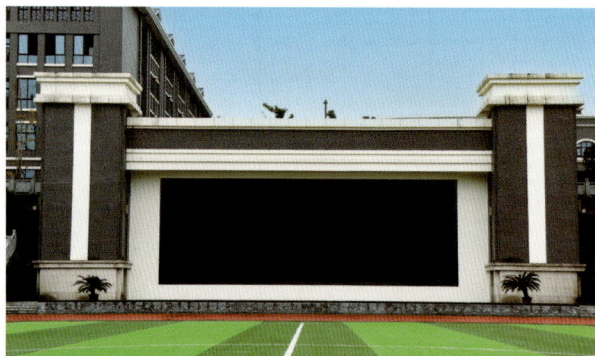

六、学校人文景观小品

双星校区高凌霄雕像

高凌霄（1872－1956），璧山中学校肇始人，璧山中学校长。民国期间，历任四川省议会秘书长，大竹县、酉阳县、成都县、灌县、彭县、彭山县知事。四川大学、华西大学教授，自辑大学国文教材《四千年文选》。中华人民共和国成立后任四川省文史研究馆研究员、成都市政协委员。

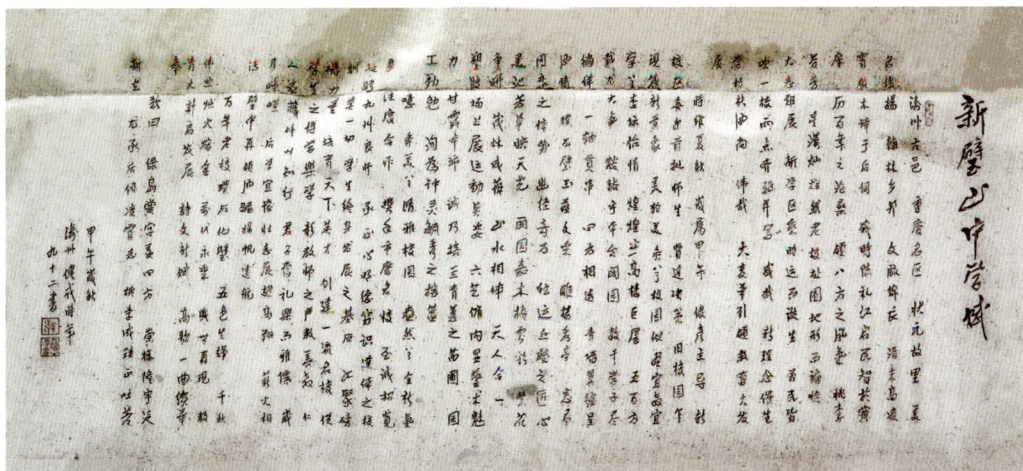

新璧山中学赋

双星校区百米文化墙

梅香亭（东林校区）

双星校区校训石、
教育铭言石

东林校区校训石、
教育铭言石

双星校区《璧山中学九璧图》

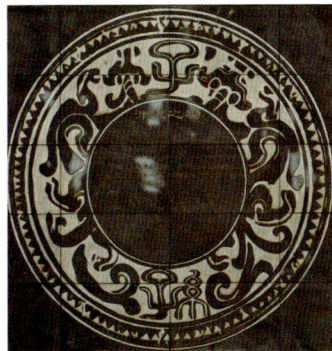

历史沿革、开校之功、筚路
蓝缕、迁校抗战、社教之光、
教坛翘楚、百川汇流、百年
华诞、盛世华章

社会主义核心价值观
小品

情绪舒缓校园摆件

七、灯柱、灯具

灯柱和灯具

八、走廊、楼道、楼梯等装饰及相应的主题文化区

党建主题文化区

琪金大舞台

Bishan
Secondary
School

九、草坪区艺术喇叭

草坪区艺术喇叭

十一、接待室、小会议室

十、办公室

办公室

会议室／接待室

十二、党、团、队等组织活动室

组织活动室

十三、档案室、文印室、财务室、卫生室

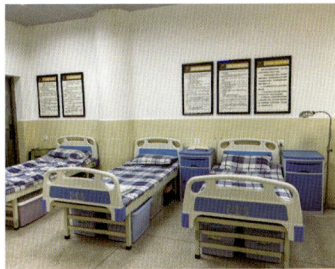

◀ 档案室

财务室 ▶

◀ 医务室

学生教室

班级风采

十四、普通教室

十五、各种功能教室

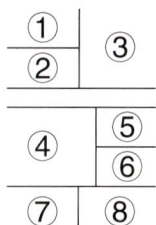

①	③
②	
④	⑤
	⑥
⑦	⑧

① 东林校区录播室　　　　⑤ 枫香湖校区书法室
② 璧中直播间　　　　　　⑥ 东林校区理化生实验室
③ 枫香湖校区陶艺室　　　⑦ 枫香湖校区面点室
④ 枫香湖校区厨艺室　　　⑧ 枫香湖校区咖啡茶艺室

①	③
②	④

⑤	⑥
	⑦

① 枫香湖校区古筝室　　⑤ 双星校区科创教室

② 枫香湖校区茶艺室　　⑥ 双星校区书画室

③ 枫香湖校区器乐室　　⑦ 双星校区服装设计室

④ 枫香湖校区陶艺室

十六、学生心理辅导室、生涯规划指导中心

双星校区心理辅导室

双星校区生涯规划指导中心

十七、教职工健身室、职工之家

职工之家

教职工健身室

十八、图书馆、教学楼移动书吧

图书馆和教学楼移动书吧

十九、校史馆

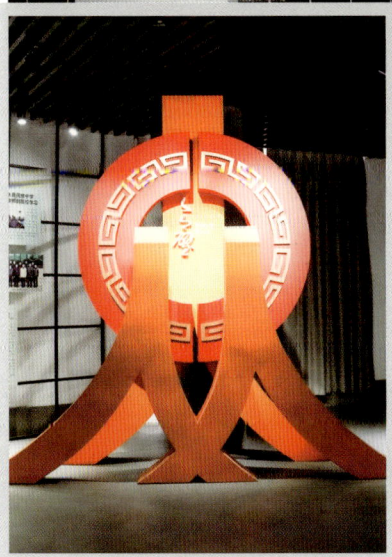

校史馆

二十、未来教室、机房、创客空间

未来教室

机房

创客空间

二十一、教研中心、学科工作室

二十二、学术报告厅、公共阶梯教室

双星校区学术报告厅

双星校区阶梯教室

二十三、体育训练场馆

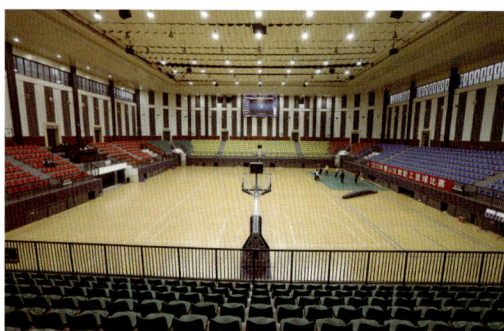

双星校区体育训练场馆

双星校区乒乓球训练室

二十四、卫生间、洗手台

卫生间

洗手台

二十五、食堂、餐厅

学生食堂

二十六、学生宿舍、教职工宿舍

双星校区学生宿舍

双星校区教职工宿舍

二十七、其他形象文化

停车场出入口

垃圾桶

消火栓

禁止吸烟提示标志

第五节 校服

一、教师校服

（一）男教师校服（见第四章，学校形象之男教师形象图片）

（二）女教师校服（见第四章，学校形象之女教师形象图片）

二、学生校服

（一）学生校服的特点

我校学生校服涵盖春夏秋冬四季服装，囊括了运动系列和礼服系列，主要考虑了青春、活泼、端庄、运动、安全等因素。

（二）学生校服图片（见第四章，学校形象之学生形象图片）

（三）学生校服管理规定

根据《璧山中学学生行为规范细则》的"仪表礼"的要求，学生着校服时应遵守下列规定：

在校期间根据季节变化穿着成套校服，校服必须穿在外面；

以班级为单位集体外出开展活动，必须统一穿着校服；

不得在校服上写字或涂画，也不允许修改校服；

校服损毁或丢失，应及时购买增补；

穿着校服要整洁，上衣拉链位置不得低于领口以下 15 厘米处。

第六节　各种校办媒体

一、学校网站、网页、公众号等的设计要领

（一）网站、网页设计要领

学校网站主要针对师生和家长，不同于其他的商业网站。我校网站体现了浓厚的教育氛围，注重了师生情感的培养和学校文化的营造，在"互联网＋"时代较好地宣传了学校。

学校网站网址为 http://www.cqbszx.com.cn/ 含校园新闻、学校概况、教学科研、德育发展、师生风采等 10 个一级板块。网页布局清新、淡雅、平易近人，给师生以美与文化的享受。

（二）公众号设计要领

学校在设计公众号时，密切结合受众群体的需要、关切点。如学校高考成绩、获奖喜报、疫情期间的学习安排等。在功能上以方便学生为主，如学校的点歌台、饭卡充值均在微信公众号上开设接口。积极开创富有个性化、创新性的内容。排版上，以简洁为主。

二、学校电视台和电视节目的设计要领

学校电视台设在枫香湖校区，正处在设计和建设阶段。在未来的使用中，我们拟让学校电视台发挥下列作用：发布校园新闻，宣传学校最新动态，激发学生参与影视创作的兴趣，展示师生风采。我们拟使学校电视台成为学校全面育人平台的一部分。学校电视台与学校微信公众号、抖音等自媒体互动，通过多屏互动，让社会人士对学校有一个更加直观、实时、准确又细致的了解。

三、学校广播室和广播节目的设计要领

学校广播室下设播音部、采编部、科宣部三个部门。学校广播室和广播节目践行贴近学生生活、关注学校发展、反映社会热点、引导校园文化的理念。学校广播室充分发挥学生的创造性，节目的设计、制作、主持人的选拔均由学生完成。在每天 18:00—18:20，通过《心海阳光》《璧中为你读诗》等节目，给同学们提供沟通、交流展示的平台。

四、校报的设计要领

校报是老师指导、学生主办，面向全校师生、校友、社会人士，展示学校各个方面的工作成绩、工作动态的宣传阵地。具体栏目包括学校要闻、教育教学、科研、校园生活等。

设计要领为：

第一，及时性。充分利用报纸的特点，及时把好的思想、好的典型、好的观点通过校报传播出去；

第二，宣传性。展示学校形象，特别是通过活动进行报道，以及展示学生的才华；

第三，育人性。通过做编辑、记者等工作，全面锻炼学生的活动能力、写作能力、协调能力、公关能力；

第四，存史性。校报记录的是当下，保存的是历史。把这些记录串联起来，就是璧山中学的校史。

五、校刊的设计要领

璧中校刊《凌霄》创刊于 2016 年春，是一本综合性季刊。它的创刊初心是深入反映学校办学核心理念，全面报道改革历程，极力展示师生风采，在树人、劝学、展艺、引领、存史上形成自己的独特风格，体现教育性、时代性、生活性、可读性等特性。一年四期，分春、夏、秋、冬，主要栏目有"大家论教""立山振铎""金声玉振""课堂之外""锦瑟弦响"等。每一年有较多的固定栏目，每期有临时栏目，临时栏目体现时效性、创新性。

六、简报的设计要领

《璧山中学工作简报》发送的对象是区四大班子的主要领导、区教委领导、学校领导和年级组长等。开学时间里，一月一期，及时反映学校管理、发展、改革的重要内容，以及取得的成绩、经验。

简报分为三大版块：

第一版块为"璧中荣耀"，主要内容为学校师生的获奖和学校的荣誉。

第二版块为"管理纪实"，主要纪录学校主要领导组织召开的会议。

第三版块为"重大活动"，主要记录学校开展的主要活动与事件。

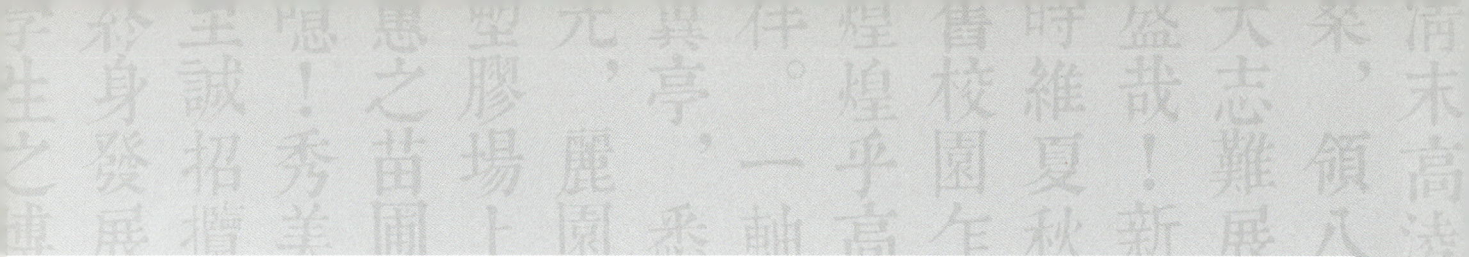

后 记

　　学校文化强大的育人功能正如习近平总书记所言："要注重文化浸润、感染、熏陶，既要重视显性教育，也要重视潜移默化的隐形教育，实现入芝兰之室久而自芳的效果。"

　　文化立校、文化强校，既是一个学校的发展战略，更是一个学校面临的新课题。2019年底，校长廖万华、书记吴平开始筹划学校文化体系建设工作，拟以此为契机，发掘百年璧中精神文化内涵，梳理百年璧中精神文化谱系，构建百年璧中学校文化体系，凸显百年璧中学校文化品格。

　　2020年，在李继星教授的指导下，各分管副校长和处室负责人牵头，对学校的精神文化、执行文化、形象文化进行了深入的调研、热烈的讨论和精心的提炼，参编人员多达60人。巫正鸿、袁进宇、张福洪、刘大川老师认真负责地指导每一章的编写编校工作，保证了编写文稿的质量。

　　编写以习近平新时代中国特色社会主义思想为指导，全面贯彻党的教育方针，把学校文化体系建设的出发点和落脚点放在培养德智体美劳全面发展的社会主义建设者和接班人上。从全局性、长远性和可持续性出发，对学校文化进行系统梳理、完善，力争做到精准的定性、定位、定向、定调和定型。比如，编写第二章精神文化子系统时，以立德树人为根本任务，以核心素养为根本目标，对原有的办学理念、校训、办学目标等进行优化。可以说，整理和提炼的过程，也是一个对学校精神文化内涵不断反思、发现、发展的过程。对新的核心办学理念、校训、办学目标等内容，学校广泛征求意见，组织全校讨论，以求得广泛的文化认同。

　　2022年10月，在即将出版之际，学校又组织吴平、邓琪彦、刘大川、宋杰对此书作最后修订。从表格的规范到图文的一致，从内容的完善到文字的打磨，巨细无遗，精益求精，提出了不少修改意见，进一步提升了本书的质量。从初稿形成到付梓，前后2年，修改十余次。在此，谨向为璧山中学的发展献计献策、为本书的编撰及出版呕心沥血的各位同仁致以诚挚的感谢！

　　百年璧中学校文化丰富，文化沉淀厚重，虽然编写过程中参阅了大量的相关资料，但在鸟瞰与展望时，难免有疏忽之处。另，因水平有限，深入挖掘不够，编写中难免有错漏与不妥之处，敬请各位师生、家长和读者雅正！

刘大川　曾富明

2022年10月